U0962743

教与学的秘密

The Secret of Teaching and Learning

解读佐藤学的课堂教学观

王晓春 著

教育科学出版社
·北京·

目 录

CONTENTS

下篇

前　言

2015年5月，我收到源创图书编辑赠阅的一本佐藤学先生的著作《静悄悄的革命——课堂改变，学校就会改变》。浏览了几页，很受启发，于是决定边读边写读书笔记，发到网上，和网友们讨论。这是我多年的习惯了。到2016年年初，一共写了28则，热情的编辑又给我寄来了好几本佐藤学的著作。我心想，也好，那我就比较系统地学习一下佐藤学先生的教育思想吧。我就继续写下去，到今年5月，又写了37则，一共65则了（编成本书时整理为58则）。其后他们就来约稿，希望我把这些读书笔记整理出版。

佐藤学先生的教育思想很丰富，涉及很多方面，我的读书笔记只侧重课堂教学改革方面，这也就是佐藤学先生《静悄悄的革命——课堂改变，学校就会改变》一书的主题。佐藤学先生热情倡导合作学习，对此进行了详细的阐述，还举了不少案例，使我对这种学习方式做了更全面、深入的思考。

关于本书的结构，我想来想去，觉得还是按读书笔记的写作顺序编排为好。这样排列或许有的地方显得条理不够顺畅，但好处是可以看出我对合作教学的认识是怎样一步步深入的。大体说来，在前半部分，我对佐藤式的合作教学认同之处较多，而在后半部分，质疑较多。

本书能够写成，首先要感谢佐藤学先生的启发，再有就是源创图书的编辑了，另外要特别提出的是，网上参与讨论的网友们，大家的思想碰撞，对我帮助很大。可以说这本书也是合作学习的一个成果。让我在这里列举几位主要的教师网友的网名吧：夸克7292、海蓝蓝6384、晨曦中的陈锡、关注体验、秦、白马秋风塞上、Coolcatcafe、星辰1553、过客1938、地梨、东风吹落星。

我对课堂教学研究尚浅，退休以后又多年脱离一线，因此本书可能有这样那样的问题。我的想法是，只要本书能引起教师读者的思考和讨论，我就满足了。

上 篇

1.“主体性”神话

培育学生成为自立的、自律的学习者是教育的一大目标，对此谁都不会有异议。而所谓“主体性”神话却是将学生与教师的互动、与教材以及学习环境等割裂开来，让教育成为仅仅针对学生的需要、愿望、态度等学生自身的性格取向来进行的神话，成为把学习理想化为只由学生内部的“主体性”来实现的神话。与这一神话不同的是，在欧美，“主体（subject）”这一概念是作为“家臣、从属”的意义来考虑的，这样一来也许就明了了。在欧美，神、自然、国家、真理、民众的意志等，由于成为超越自身的从属者，而被认为获得了“主体性”。学习的“主体性”要求的“谦虚”正是源于这样的“主体＝从属”的思想根基。不过，在我国完全没有“主体＝从属”的思想方法。我国“主体性”的意思，可以说，是从一切从属关系或制约中获得自由，完全根据自己内在的思想而行动。这样的“主体性”不成了“我行我素”吗？进一步说，这样的“主体性”难道不是丧失了其应有的从属关系而成为悬在半空中的“主体”吗？

（《静悄悄的革命——课堂改变，学校就会改变》，第12页）

“主体性”神话是在将教学中的“自学自习”理想化，将“自我实现”或“自我决定”等理想化之后产生出来的，即让“自学自习”、“自我实现”或“自我决定”均体现独立自学之理想。但是，在教材、学生、教师等同时介入的教学过程中，单将其理想化是不行的。学生自立、自律的学习必须在与教师的互动中，在与教材、教室中的学生以及学习环境的关系中来加以认识。学习只在与教师、教材、学生、环境的相互关系中，才能够得以生成、发展，儿童的“主体性”不是和这一切毫无关系而独自起作用的，学生的需要、愿望、态度等也不是在这些关系相互作用之前就存在的。

（《静悄悄的革命——课堂改变，学校就会改变》，第 13 页）

“在欧美，‘主体（subject）’这一概念是作为‘家臣、从属’的意义来考虑的，这样一来也许就明了了。在欧美，神、自然、国家、真理、民众的意志等，由于成为超越自身的从属者，而被认为获得了‘主体性’。”这种说法，我是第一次见到。“超越自身的从属者”，我不大明白，或许这与上帝的存在有关。总之，佐藤学先生指出了东方文化与西方文化对“自主性”的理解是不同的，这一点很有启发性。他说日本文化理解的自主性“是从一切从属关系或制约中获得自由，完全根据自己内在的思想而行动”，在我国，人们通常也是这样理解的，自主嘛，就是我的地盘我做主，我想干什么就干什么。我们关于自主性的理解爱走两个极端：要么全听自己的，要么全听别人（上级）的，不是迷信自我，就是迷信他人。比如在教学上，一提倡自主学习，教师就以为学生自己能学好，让他去学就行了，然后发现事情没这么简单，学生自己学效果未必好，于是急忙否定自主学习，认定“说到底，还是得我来教，还是老办法效率高，效果好”。有时迫于形势压力，只好挂羊头卖狗肉，搞点学生自主学习的形式，暗地里狠抓“非自主的学习”。其实自主学习并非简单地让学生自己去学，也不是弄个什么导学案就行了，那是一个很复杂的师生和教材互动的过程。喜欢把事情简单化成“模式”的人，当然不愿做细致研讨，不愿具体问题具体分析，他们喜欢标准答案，结果就会在两个极端中跳来跳去，走极端是最省脑筋的。

如果说搞自主性学习容易犯的毛病是教师盲目相信学生，那么有些教师个人的“自主性”其突出特点就是迷信自我，自恋、自大、自我膨胀，对个人成长中自我学习的作用估计过高。人是在一个巨大的网络中求生存的，其中任何一个因素都不可能孤立地起作用，人想有自知之明，必须记住这一点。这不是谦虚不谦虚的问题，这是事实。

2015 年 5 月 10 日

2. 确定的思考与不确定的思考

确定的思考和表现容易变成一种把思想和情感定型化的行为，而不确定的思考和表现往往在创造性的思考和表现中更能发挥威力。一切创造性行为都是发自不确定的语言，探索地进行着的行为。不确定的言语能深入其他学生的心中，能有实实在在的说服力。关于这一点，做教师的大概谁都知道吧。但是尽管这样，大多数教师在教学中，比起不确定的回答来，还是更要求清楚明确；比起小的声音来，更要求声音洪亮；比起模糊的表现来，更要求明晰的描述。活泼热闹的、一个接一个的教学活动就是好的教学的“主体性”神话，牢牢地捆住了教师的头脑和身体……

（《静悄悄的革命——课堂改变，学校就会改变》，第 16 页）

其实人类社会主要是靠确定性的知识来维持的，在科学研究中，逻辑的确定性也是起支撑作用的骨架，而且不确定的思考和不确定的知识也未必都是好的。虽说如此，我们还是得承认不确定的思考是创造性的一个特点。确定意味着固化，固化当然是不利于创新的。但统观我们的教育教学，老师们对确定性的思考和确定性的知识过于迷信了，许多人甚至完全排斥不确定的思考，这很不利于学生创新精神的培养。

为什么我们的老师对确定性情有独钟呢?

我想这与教育本身的特点有关。教育的重要任务甚至主要任务就是传承，而不确定的东西，传承起来比较麻烦，越是确定无疑的东西，传承起来越方便。

这与考试也大有关系。越是确定的东西，越容易考查和评分（标准答案）；不确定的东西是很难考试的，也难以判分。因此，越重视考试成绩的教育，对确定性的东西越迷恋，这是不可避免的。说应试主义扑灭创新精神，那是一定的。

这与人的心理也有关，确定性的东西给人安全感，不确定的东西让人迷惑、惶恐、不知所从。因此，只有心理很强大的人才会喜欢不确定的东西，喜欢在怀疑中探索，多数人不容易进入这种心理状态。

这与人的智力也有关。处理确定性的知识对智力要求比较低，有些甚至只要记住就行了；而应对不确定的思考和知识，则要求人要足够地聪明，有应变能力、较高的判断能力、探索能力。这也不是每个人都能做到的。

由此可见，教师普遍对不确定的思考和知识“不感冒”事出有因，并不奇怪。也因此，要提倡重视不确定的思考，笼统地号召没有多大作用。我想，较好的办法是拿出具体的案例来，看看其中是否有有价值的“不确定性的思考”，它的价值在何处，遇到此种情况教师该如何引导。这样的案例讨论多了，教师就能够较好地处理教学当中不确定的思考了。

2015 年 5 月 14 日

3. 小学：发言过剩；高中：拒绝发言

日本小学教室里的特征是“闹哄哄”（发言过剩），而初中、高中教室的特征是“静悄悄”（拒绝发言）。因工作关系，我常常陪同欧美各国的来访者到学校去参观，问及客人的第一印象，都谈到这两个特征。每年我去访问海外的学校，观摩了很多的教学，比较之下也认同他们对日本教室的印象了。这究竟是为什么呢？看来是因为在欧美小学里，学生是从小声的不甚清楚的发言开始起步的，进入初中、高中后，越往上走越能活泼地、明确地发表意见或表现自己，渐渐地成长起来。与此相对，为什么日本的小学里闹哄哄的发言过剩的学生到了初中、高中后就会表情麻木、拒绝发言、沉默不语了呢？这一问题也许是重新审视我国的教学时最大的问题之一吧。

造成这一现象有若干原因，诸如班级人数、一统化教学形式、讲究效率的课程，等等，由制度性约束而派生出来的问题相当多，但是绝不仅止于此。学校（教室）的文化，追求虚假主体性的教学中的形式主义等，不也是很大的问题吗？可以这样来看：如果在幼儿园、小学时代被强加虚假主体性的话，到了初中、高中后，学生就会尽全力去反抗小学时代被驯服出来的虚假主体性，从而使他们不可能实现自身的自由成长。如果的确是这样的话，那么造成学生到了初中、高中就拒绝发言，常常面无表情地坐在教室里的情景，就不仅仅是初中、高中任课教师的责任了，幼儿园、小学的教师也必须对此负责任。

（《静悄悄的革命——课堂改变，学校就会改变》，第16—17页）

我国的情况与佐藤学先生反映的日本情况几乎完全相同，课堂发言，小学闹哄哄，中学静悄悄。按佐藤学先生的考察，西方学校并非如此，如果此言非虚，那就不得不让我们想到，这可能与东西方文化的差异有关。东方文化特别讲面子，有人甚至说中国的文化是“面子文化”。小学生面子主义还没有培养起来，“胆大不嫌寒碜”，又想表现自己，所以发言踊跃；到了中学，知道面子重要了，生怕被老师、同学嘲笑，而且渐渐明白保住面子的诀窍就是不说话——莫测高深。有的孩子是自小踊跃发言，结果出错受到老师的耻笑，因而学乖了；也有的孩子是鉴于别人被老师、同学嘲笑的教训，学乖了。

嘲笑问题是一个很大的问题。我觉得我们有一种“嘲笑文化”，就是专门寻找他人的缺点和弱项加以奚落，以此取乐，满足自己的虚荣心（我比你强）。比如我们的文娱节目里有些相声和小品，就是专门干这件事情的，从他人的生理缺陷到文化水平再到性格特点，无一不在嘲笑之列。如果嘲笑的确实是假恶丑的东西，倒也有正面意义，可惜我们的嘲笑往往缺乏宽容，没有尊重做前提，于是这种讽刺就有毒了。据我所知，学生中盛行用看似开玩笑的口气互相攻击，北京土话叫作“挤对”人，不少人每天瞪大眼睛专门找别人的缺点当乐子，以此为能事，周围人只好躲着他。中学往上的学生之所以上课不爱发言，重要原因之一是怕说错什么留下话把，被奚落好长时间，甚至被起外号。恕我直言，老师中也有这种人，说话太“损”，孩子在小学遇到这样一位老师，受了刺激，到中学可能就不发言了。

还有一个原因是厌学。从逻辑上说，如果是为了保存面子而沉默，那么上课下课都应该静悄悄，可是我们会发现，有许多学生上课沉默如金，下课话比谁也不少。这是怎么回事？可能课下所谈论的内容是他的强项，他不会因说话而出丑，甚至可能借此出风头，自然乐此不疲了。这就说明他讨厌的并不是说话，而是有关教学的发言，这显然是厌学的症状。孩子小时候勇于发言，说明并未厌学，到了中学没兴趣发言了，说明我们经过努力，总算把大部分学生弄得厌学了。人有天生好学的一面，每个人都有学习的积极性，这种积极性一要开发，二要保护。可惜我们常常既不开发，也不保护，只会利用。利用学生的积极性干什么呢？搞应试，争高分，创业绩。从小学到中学，滥用学生积极性的现象很普遍，如同掠夺式经营，为了眼前的高分，不惜榨取学生最后一点时间和精力。这就必然造成学生对学习本身的反感，上课不发言，只是这种反感的外部表现。

佐藤学先生所说的“追求虚假主体性的教学中的形式主义”，也是一个重要原因。真正的主体性是“我要发言”，而我们通常见到的情况是“要我发言”，上课发言是被当成任务来完成的，学生是“被发动”的。这种发言实质上是一种表演，是给别人看的，并不是自己的真心需要，一旦没有了观众（比如听课者），自然就乐得休息一下了，闭嘴不语，乃至闭目养神。

综上所述，应该承认，学生年级越高发言越稀少，正是我们的伟大教育成果，而且是集体成果，小学老师对此的“贡献率”一点也不比中学老师低。但是此事你肯定找不到明确的责任人，这种事是没有办法量化考核、精细化管理的，它在我们的管理之外，却肯定在教育内容之内。我感觉懂得这一点的教育行政官员和校长并不多，老师也如此。即使懂得了，真愿意为此做些事情的人也未必多，因为（对个人来说）这是“劳而无功”的事情。所以对此种现状的改变，人们很难抱乐观的态度。但是把问题清晰、尖锐地提出来，总比不提强。

2015 年 5 月 29 日

【晨曦中的陈锡（K12 班风小论坛）】

我任教高中，以我所见，这里的高中课堂上课已经没有学生发言了，就算是发言，也是一种配合老师讲课的表演。例如老师说：“你们懂了吗？”积极的学生就会回答说：“懂了。”老师说：“是这样吗？”积极的学生就会说：“是。”但是更多的学生对于老师这样的提问懒得回答了，为什么会这样悄无声息呢？问学生缘由，答曰：“太累了，不想开口。”真的是太累了吗？在老师的一再追问下，学生不得不承认：因为没有学习动力，因为厌学。

4. 学生上课积极好，还是消极好？

……应该说，那些对枯燥无味的或者无意义的课题表现消极、毫无兴趣的学生不仅是自然的，也是健康的，对这些学生的表现，教师应视为理所当然，并首先有必要来一番认真的自我反思。而那些不论对什么课题都抱着积极的“态度、关心、欲求”的学生在认知上是不健康的，是思维逻辑懒惰的学习者。教师应当摆脱那种在授课中只想达到快乐目的而迁就学生的想法，允许进度慢一点，允许学生发言模糊一点。解决这个问题的切实可行的开端是教师应意识到，自己站在教室里是在和学生一起“共度愉快的时光”。如果这样认识的话，教师就可以从单方面地要求学生发言的想法中跳出来，而转变为在组织、引出学生发言之前，仔细地倾听和欣赏每一个学生的声音。应当追求的不是“发言热闹的教室”而是“用心地相互倾听的教室”。只有在“用心地相互倾听的教室”里，才能通过发言让各种思考和情感相互交流，否则交流是不可能发生的。

（《静悄悄的革命——课堂改变，学校就会改变》，第 18 页）

“那些对枯燥无味的或者无意义的课题表现消极、毫无兴趣的学生不仅是自然的，也是健康的……”这么说肯定会遭到有些老师的反对。老师们会说，谁讲课也无法保证课程内容对每个学生来说都不枯燥，都有意义，若有学生不听讲，老师批评他，他说他认为这课枯燥、无意义，我拒绝听讲“不仅是自然的，也是健康的”，老师可怎么回答？这样一来，佐藤学先生的理论起的作用就是鼓励和放纵学生上课不注意听讲了。我想，教师读者若这样质疑佐藤学先生的理论，也属事出有因，但是我们最好首先看看佐藤学先生的说法是否有一些道理。佐藤学先生下面一句话说得更清楚一些：“那些不论对什么课题都抱着积极的‘态度、关心、欲求’的学生在认知上是不健康的，是思维逻辑懒惰的学习者。”佐藤学先生说这种好学生的学习态度在“认知上”是不健康的，并没有笼统地肯定这种态度是不健康的。我的理解是：上课对任何课题都抱着积极态度的好学生，在认知上确实可能有问题，但在非认知领域，在非智力方面，却可能是健康的。比如他们的意志力比较强，即使感觉到了课题的枯燥无味，也能以积极的姿态学下去。这种“克己”的态度，只要没有达到“自我攻击”和“失去自我”的程度，我认为就是健康的，不但是健康的，而且在很多情况下是需要的，因为事实上任何一种课程都无法保证它的内容永远不枯燥，永远“有意义”。这样看来，认知方面的心理健康与非智力方面的心理健康未必总是协调的，它们有时会产生矛盾。佐藤学先生的观点的可贵之处就在于揭示了这种矛盾，提醒教育者注意，有学生不注意听讲，你不要一概看成坏事，那里面说不定有积极因素，一定要具体分析。同时这也告诉我们，讲台下全都是“渴求知识的目光”，这太理想化了，很可能掺假，而且可能对某些学生的智力有害处。

我们再来看看佐藤学先生开的药方。佐藤学先生说：“教师应当摆脱那种在授课中只想达到快乐目的而迁就学生的想法，允许进度慢一点，允许学生发言模糊一点。解决这个问题的切实可行的开端是教师应意识到，自己站在教室里是在和学生一起‘共度愉快的时光’。如果这样认识的话，教师就可以从单方面地要求学生发言的想法中跳出来，而转变为在组织、引出学生发言之前，仔细地倾听和欣赏每一个学生的声音。”“共度愉快的时光”，“各种思考和情感相互交流”，这当然是很好的，但是愚以为这都需要一个前提，就是那个课要上得很有意义，一点不枯燥，而且是让每个学生都觉得很有意义，不枯燥。否则按照佐藤学先生的意见，学生就有权不积极，不热情，不注意听讲，而这都是“自然的、健康的”。有几个老师能做到这样的？我想，只有很少的老师能做到，而且是局部地做到。于是师生“共度”的“时光”，就常常无法“愉快”了。所以这个药方也是理想化的，很难落实。还是这样的说法比较实际：“教师应当摆脱那种在授课中只想达到快乐目的而迁就学生的想法，允许进度慢一点，允许学生发言模糊一点。”不过这里面也有个教学进度问题和考试问题，教学进度是不允许老师经常放慢的，考试答案则不允许模糊，否则无法判分。也就是说，即使这个相对实际一些的对策，也不那么容易实行。再说，教师若“摆脱”了“达到快乐目的”的想法，还怎么实现“共度愉快的时光”？要知道“共度”是双方都得快乐。

归根结底，学生上课积极好，还是消极好，这个问题是没有标准答案的。原则上，学生上课当然是积极一点好，但具体到某一个学生就不一定了，需要个案分析。教师该做的，是把课上得有意义，尽可能使更多的学生感兴趣，尽可能做到师生互动，对个别学生不注意听讲采取宽容、分析的态度，且注意自我反思。

2015 年 6 月 18 日

【晨曦中的陈锡（K12 班风小论坛）】

以我现在所见，我周围的老师都是希望学生上课能积极一点的。如果某天上课气氛异常沉闷，很多老师回到办公室都是抱怨或者向该班的班主任投诉。而且，老师们基本都不会反思自己的课是否精彩，而是抱怨学生不爱学习或者不配合老师。也许就是这样的原因，我基本很难找到把课上得精彩的老师，而学生积极发言的课堂更是少见。

我自己刚工作的时候，很注重课堂热烈的气氛，追求的是发言热闹，后来发现这样太嘈杂了，而且太形式主义，无法让学生深入思考。现在则更重视师生真正的互动，是那种安静的互动：一个学生发言，其他学生安静地听；老师讲解，学生用心倾听，安静地思考。这样的课堂，我觉得才是高效的。

从素质教育方面来说，高中课堂的那些课题也许基本都是枯燥无味的或者无意义的，但是对于应试来说，那些枯燥无味的或者无意义的课题却又是有意义的，因为依我所见，考试考取高分，已经成为学生学习的唯一动力。一位老师能做的也许就是在保证提升学生应试能力的前提下按照王老师说的“教师该做的，是把课上得有意义，尽可能使更多的学生感兴趣，尽可能做到师生互动，对个别学生不注意听讲采取宽容、分析的态度，且注意自我反思”。

5. 回应每个学生独特的“逻辑世界”

……那是数年前，在广岛县的小学三年级教室里观摩语文课教学的事。教材内容是“冬青树”（另一种译法是“魔奇树”，本书后文还会涉及这篇课文——王晓春注）——深夜里，突然响起了熊一般的叫声，大叔叫肚子疼，豆太（人名）顿时被惊醒了。尽管他是个夜晚连撒尿都不敢去的胆小的人，却一下子冲出小屋去给大叔请医生去了。在教科书上画了一幅豆太闭着眼睛跑下山的插图，教师就此以提问展开教学：“豆太是怀着什么样的心情在跑啊？”我当时正在想“一位有经验的教师怎么会问这么没水平的问题”时，坐在教室边的一个男孩——手不停地在比画，此前的课他都没来上过——大声地发言了：“豆太他在叫头疼啊！”这个突如其来没头没脑的回答引起了周围学生的反驳：“叫疼的不是豆太，是大叔！”“而且大叔不是叫头疼，是叫肚子疼！”可这男孩却坚持不让步：“豆太就是在叫头疼！”

教师也被这个“异常”的回答弄得不知所措，于是问：“你这想法是从哪儿来的呢？”“从哪儿来的？”这一问法真是好极了。组织“交响乐团”的教师正是通过把学生与教科书连接起来并把学生与学生连接起来而展开教学的。“连接性的询问”就有可能在教室里生成出什么来。针对教师的提问，那个男孩回答说：“因为书上写着‘豆太整个身体蹦起来跑出去了’。”那一瞬间全教室安静了一下，接着就爆发出“真不简单啊”的叫好声和一片欢笑声。其他学生把那个男孩描绘的情景再“真实”地扩展——夜漆黑漆黑的，豆太和大叔又很穷，住的屋子很小很小。一听到大叔叫肚子疼，豆太一下子从床上跳起来，要不快点去叫医生的话就不行了，所以，他肯定是迷迷糊糊地朝门边猛跑。豆太是“整个身体蹦起来跑出去”的，所以头就碰到门上了。这就是那个男孩描绘的结果。

一阵阵的欢笑声之后，教师让那个男孩再次注意书上“豆太整个身体蹦起来跑出去了”这句话的意思，并引导学生相互交谈书上描绘的情景，使教学极有魅力地进行下去。

耐心地倾听“异向交往”（坎原资明在《词语交往论》一书中把“交往”分成四类：只有一方讲话的“单向交往”，相互交谈的“双向交往”，被拒绝被阻挡的“反向交往”，思路各异的“异向交往”——王晓春注）的话语就能使教学中的交往丰富而深刻地展开，这一教学实例成为了一个可见的典型，无论什么样的学生的发言或行动，都有他自身的“逻辑世界”。相互交谈之后也好，教学进行之后也好，那个男孩还是说“豆太就是在叫头疼”，反复地说着自己的看法，边说还边用缠着绷带的右手比画着。原来这手是在前几天被树的刺扎伤的，所以从自己的体验出发，他总说豆太也是急匆匆地去开门时被碰伤了。这样讲也无不可。

在“异向交往”的话语中，如果把探究那个学生自身的“逻辑世界”作为一个课题的话，教室里的交往就能有声有色地开展起来。相反，如果教师对不同思路的话语不敏感，那么教学就只可能顺着教师的路数进行下去，交往也就只能停留在表面上，变得非常肤浅和单薄。

（《静悄悄的革命——课堂改变，学校就会改变》，第37—39页）

其实每个人说话做事都有他自己的逻辑，都合乎他自己的“道理”。极端点说，即使是胡言乱语，也必有其“胡言乱语的逻辑”，也有一定的规律。一个人在那里说话，其他人听到了，如果拒绝深入了解说话者的逻辑，则无论其他人做出怎样的回应，或者不回应，他们与说话者都是“两股道上跑的车”，没有什么实质上的联系。我们称这一类对话叫“无沟通对话”。这种情况极为常见，不信你去观察几个人聊天。仔细听一会儿，你会发现，其实他们多半是在“各说各话”，顶多是有一个共同的话题或话茬儿。网上这种情况也很常见，很多发言都是表态性质的，赞成也好，反对也好，都没有深入倾听和思考别人的发言，他们与其说是参与讨论，不如说是借某个话茬儿抒发自己的某种感情。

教师上课与学生的对话，也常见此种情况。比如上述案例中的小男孩，教师如果没有深入了解其“逻辑世界”的愿望，很容易将他的发言看作“胡说八道”，甚而至于看作“成心捣乱”。这样一来，师生对话就成了“分别自言自语”，似乎在对话，其实没有任何交流。这位日本教师的高明之处就在于，他尊重学生个性，而且有一种了解其个性的愿望，所以他问：“你这想法是从哪儿来的呢？”这是个开放式、探究式的问题，能提出这个问题，就证明教师不自以为是，不迷信标准答案，他想走进学生的心灵，而不是只关心完成教学任务。换句话说，他是把学生看作一个活生生的人而与之对话，而不是只把他看成一个装知识的容器，完成教师教学任务的道具。这就是所谓的“以人为本”。能不能尊重一个个学生的“逻辑世界”，有没有探究这些形形色色的“逻辑”世界的愿望，是传统教书匠与现代教师的一个重要差别。我们并不是要求教师彻底搞清每个学生的逻辑世界，那是很困难的，甚至是不可能的，问题在于你有没有此种愿望。事实上我们的多数老师并没有此种愿望，他们和学生对话，要求的是“你说的话最好正是我想听到的”，至于你的真实想法、你的个人逻辑，我不感兴趣。佐藤学先生说这种态度是对学生的个人逻辑“不敏感”，其实何止不敏感，这种老师根本就不想知道答案之外的东西。

试想你是一个学生，你和老师打交道的经验告诉你，老师对你的想法并不感兴趣，他只关心你是否记住了他说的话，是否照他的要求做了，你还有兴趣和他对话吗？于是课堂气氛就只有两种可能：一种是沉闷，一种是虚假的、没有真实沟通的演戏式的“热闹”。所以，佐藤学先生说：“如果教师对不同思路的话语不敏感，那么教学就只可能顺着教师的路数进行下去，交往也就只能停留在表面上，变得非常肤浅和单薄。”这种课堂本质上只是知识在传递，不是人与人在沟通交流。反过来，教师若关心学生的“逻辑世界”，情况就另一样了。你看，本案例中的男孩说出自己的逻辑之后，整个课堂就活跃起来了。为什么？难道所有同学都赞成男孩的观点吗？不是。之所以活跃起来，是因为这种对话很真实，大家很容易感受到这是活生生的人（观点不一样的活人）在交谈，学生会有一种“忘记了是在上课”的感觉。这种交谈和交往，或许与教材的联系不那么紧密，但是从教育整体的角度看，更有深度，更有立体感，更有生活气息。

不过，还有两个问题我要说一说，我的“逻辑世界”提醒我关注下面两个问题。第一个是教学进度和教学任务问题。课堂上的师生对话，不是非正式场合的闲聊，教师是有教学任务的，完不成任务领导是要追究的，所以教师必须兼顾“完成教学任务”和“走进每个学生的逻辑世界”这两个任务，而这两个任务有时是不协调的。学生课上的个性化发言，有时会离题，有时会出圈，教师跟着走，有可能耽误进度；教师不跟着走，又违反了“走进每个学生的逻辑世界”的原则，这时候教师根据具体情况相机处置就很有必要了。这个问题空说不行，要有很多案例，才能摸索出活的经验。第二个问题是，“尊重学生的逻辑世界”如果把握不好，有没有可能助长学生的自我中心？像上面日本的这个案例，这个小男孩个性化的逻辑受到了教师和同学的尊重，甚至赞赏，这很好，既鼓励了他个人，又激活了同学们的情感和思维，但是请问：这个男孩本人的思维能力，经过这一番对话，有所提高吗？佐藤学先生介绍道：“相互交谈之后也好，教学进行之后也好，那个男孩还是说‘豆太就是在叫头疼’，反复地说着自己的看法，边说还边用缠着绷带的右手比画着。原来这手是在前几天被树的刺扎伤的，所以从自己的体验出发，他总说豆太也是急匆匆地去开门时被碰伤了。这样讲也无不可。”我觉得这个男孩在思维方面没什么收获，他的观点从头到尾都是自我中心的。这当然没什么不可以（一千个读者眼中有一千个哈姆雷特），然而事实是，老师和同学从他的发言中受到了启发，他却没有受到大家的启发，似乎没有学到什么，只是在那里张扬自己的观点。所以，我若是这个男孩的老师，我会告诉他，大家尊重你的想法，建议你也像同学们一样，仔细想想不同的意见是否有些道理。我是教育者，我有指导学生的责任。我理解，真正的对话是互相影响，单方面的影响，总是有些欠缺。教师单方面影响学生固然不好，学生单方面影响教师，也未必好。

教育真是“增一分则太长，减一分则太短”的事业。

2015 年 6 月 21 日

【夸克 7292（K12 班风小论坛）】

读了王老师的笔记，感到王老师在很多地方都考虑教学任务和教学进度的问题。我想，佐藤学先生可能就是在做研究的时候，发现一线教师总是死盯着自己的教学任务和教学进度，才要求教师在倾听的时候要注意学的本质。所有的教学内容都是一个工具，我们目前的现状是对工具关注太多，而忽视了教育的本质。我初步理解：佐藤学先生的这本书要唤起教师对教育本质的关注，所以将“学习”和“学”做对比，对“主体性”做了重新剖析，对“理解”用了两个不同的英文单词 understanding 和 appreciation 来做对比。从这些内容来看，佐藤学先生呼唤的就是教育回归到“人”的层面。

我的理解：佐藤学先生并不是不考虑教学任务和教学进度，而是根据一边倒的实际情况提出注意事项。不知我的理解是否合理？

【王晓春读后】

赞成夸克 7292 老师的意见。

2015 年 6 月 30 日

6. 倾听比发言重要

……在教室里的交流中，倾听远比发言更加重要。然而，大多数教师却仍然以学生的“发言”为中心来了解他们的想法，而并不认真仔细地对待“倾听”。于是，比起擅长发言的学生来，那些在学习上不多言语，然而善于倾听的学生尽管应该被评为优秀，但在这些学生的通知书上却常常被写上“更加积极地发言吧”。其实，对那些不多思考就草率发言的学生，倒是该写上“更加注意仔细倾听吧”。再进一步说，如果我们希望在课堂上更好地培养学生的言语表现力的话，那么与其鼓励他们发言，不如培养其倾听能力。这看起来好像离得远些，其实却是一条捷径。在教室里，倾听的能力培养起来之后，课堂的言语表现才会变得丰富起来，而不是相反。

（《静悄悄的革命——课堂改变，学校就会改变》，第 21 页）

……这种“倾听方式”不是听学生发言的内容，而是听其发言中所包含的心情、想法，与他们心心相印，从而产生“啊，真不简单”、“原来如此”、“真有趣呀”等共感共鸣。唤起这些情感体验可以说是倾听学生发言的“理解方式”应具有的最重要的意义吧。如果教师总是被“下一步怎么办”的观念束缚着的话，那是不可能产生“欣赏”、“体味”的“倾听方式”和“理解方式”的。

（《静悄悄的革命——课堂改变，学校就会改变》，第 29 页）

从学习的角度看，听当然比说重要，读当然比写重要。听和读是输入，是吸收；说和写则更多的是输出，是表达。显然，听和读的情境比说和写的情境更有利于思考。脑子里没有东西，你说什么？肚子里没有货，你写什么？因此从一定的意义上可以说，听为说之母，读为写之母。然而听和读是内敛的，说和写是外显的，你听，你读，没人注意你，只有说和写的时候，才能表现自己。因此，如果周围气氛比较浮躁，比较轻浮，人们对说和写的关注一定会高于对听和读的关注。目前我们很多课堂的情况就是如此，看来日本学校也是这样。

有人会说，教师从来都反复要求学生注意听讲，怎么能说不重视听呢？原来佐藤学先生所说的“倾听”，与我们通常说的“注意听讲”不是一回事。这里的倾听首先指教师要认真听，不光用耳朵听，还要用心来听。而且这种听不光是要听话的内容，还要听其中的感情，画外之音，言外之意。这中间不单是信息的传播，还有情感的交流与共鸣。也可以说，“注意听讲”那个“听”可能是干燥的，而“倾听”的“听”则是润泽的。

又有人会追问：“没有说，哪儿来的听？鸦雀无声，听天籁吗？”此问有理。可见，教师鼓励学生发言并没有错，问题的关键是要提高发言的质量。没有水平，没有个性，没经过独立思考的发言是难以引起倾听的，你不去倾听反而是一种必要的自我保护。所以，教师在鼓励学生学会倾听的同时，更要鼓励学生努力提高发言质量。

佐藤学先生关于教师认真倾听学生的忠告是很好的，不过愚以为“不是听学生发言的内容”的说法欠妥。课堂上学生的发言，教师怎能不注意其“内容”？那不就离开教材和教学了吗？只顾听内容固然不好，不顾内容也不行，恐怕也做不到。佐藤学先生所说的“欣赏”、“体味”型的倾听方式，确实应该大力提倡，不过我们要注意，“欣赏”、“体味”这样的心态是需要从容甚至闲暇的氛围做背景的，而教师教学是有任务的，任何事情，只要一变成任务，就很难从容了，除非大侠级的人，能做到“谈笑间，樯橹灰飞烟灭”。所以我想，我们固然要努力倡导“欣赏、体味”式的倾听，但对于尚不能做到这一点的教师，一定要宽容。只是对那种浮躁的表演式、炒豆式的课上发言，应该加以制止。

2015 年 6 月 28 日

7. 没有两所完全相同的学校，也没有两间完全相同的教室

至今为止，我从事访问学校、参观教室的活动已经快20年了。若按每周访问2至3所学校、参观约10个教室计算，那么我至今已访问过1000所以上的学校，参观过7000多间教室了。而且就在这10年里，我还观察了美国大约200所学校的近千间教室。回头想想，这其中既没有两所完全相同的学校，也没有两间完全相同的教室。无论哪所学校、哪间教室，其存在的问题都各不相同，因此，要想列举出一个相同的问题来进行讨论几乎是不可能的。即便都是好的学校，也并非都好在同一个地方，所有好的教师也并非是同一类型的人。

（《静悄悄的革命——课堂改变，学校就会改变》，第47页）

佐藤学先生的这段话告诉我们，对事物的差异、事物的特点是否敏感，此事很重要。据我看这种敏感按其程度可以分为三个层次。有些人对事物的差异很不敏感，在他们看来，学校和学校、班级与班级都差不多，顶多分成好坏两个类别。他们是官僚主义者（如某些校长），或者是脱离实际的理论工作者（如某些夸夸其谈的教授），或者头脑简单的教师。这是最低的层次。这种思维方式必然导致一刀切主义和标准答案主义，既然大家都得一样的病，吃同一种药也就行了。这很合乎逻辑。第二个层次的人，他能感觉到事物的差异，但是说不清楚，只是一种模糊的印象。有不少老师都对我说，他走进某个教室，就感觉这个班有一种特殊的“味道”，跟别的班级不一样，但是你问他怎么不一样，他又说不出。这种人属于对事物的差异尚存敏感，但缺乏理性的思考和判断。比这种人更高明的人属于第三个层次，这种人不但能敏锐地感受到差异，而且能理性地分析其差

异之所在，然后因地制宜、因时制宜、因人制宜地予以回应。这就是我们常说的具体问题具体分析，到什么山上唱什么歌。

研究任何事情，最怕一概而论，笼统而谈。然而一概而论最省脑筋，最易逃避责任，最方便滥竽充数，所以不少人乐此不疲。网上这类文章很多。如果有卖药的宣称他的药包治百病，你几乎就可以肯定它什么病也治不了，或者其实只能治某一两种病。同样道理，如果有人告诉你用他的办法什么学校都能办成名校，什么老师都能培训成名师，什么学生都能教育好，那他就是个骗子。即使他本人是真的相信自己说的话，也是个真诚的骗子，他首先把自己给骗了，这种欺骗性决定于他的思维方式，而不决定于他的人品。说得再清楚一点：只要缺乏具体问题具体分析的习惯和能力，你就不可避免地成为有意无意的骗子。

事物是有差异的，差异几乎是无限的，树上没有两片相同的叶子。可是，这样一来就没法研究了，人生有限，你哪有那么多精力？于是我们就得注意到事情的另一面了。事物固然有差异，然而也有共性，因此事物是可以进行总体研究和分类研究的。找出其“公约数”，就可以进行分类研究。分类研究脱离了一个个具体例子，但比起笼统概括来，毕竟细了一点，距实情更近了一点。再具体一点就是个案研究了。我为什么偏爱个案研究？因为它最不易脱离实际，最不容说空话，最能看出一个人分析问题和解决问题的真能力。当然，个案研究者如果缺乏高瞻远瞩的境界，也有可能走向细碎，只见树木不见森林，这是要小心的。

2015 年 6 月 30 日

8. 教师培训，讲课的作用是有限的

我接到的来自校方的请求，多数都是让我去演讲。最近，几乎每天都有好几个这样的电话。但事实上，因为一次演讲而使得学校或是授课有所改变的，还从来没有过。既然如此，那么究竟为什么邀我去演讲的请求还是如此多呢？这大概是因为演讲这种形式是最简便易行的培训方法吧。在教师培训中，靠演讲和讨论来“起大作用”的研讨会实在是多得过分。对此，大学的教育研究者也负有责任，因为大多数教育研究者都只是通过演讲这种单向活动来维持自己与学校、教师间的联系。而在我看来，作为教育研究者，自己首先要积累一定的经验，才能作为授课人登台演讲。然而遗憾的是，我国绝大多数教育研究者都只会带着一堆纸上谈兵的理论进教室，通过单方面臆断教师们的工作来体现自己的生存价值。这种现象的存在说明，无论是教育实践者还是教育研究者，都还缺乏工作的责任心，对所谓的教育实践的理解只停留在观念上。

鉴于此，对于做演讲的请求，我原则上是拒绝的。虽然也有因为学校的具体情况而破例接受的，但最终的结果总是不尽如人意：让学校白忙一场，因为学校是不可能因为一次演讲而改变的。要改变一所学校，需要不断开展校内教研活动，让教师们敞开教室的大门，进行相互评论，除此之外，别无他法。

（《静悄悄的革命——课堂改变，学校就会改变》，第 48—49 页）

有许多人，当他想提高自身水平的时候，都有一种“听课”心态。总想找一个高人，听他讲。那位高人满脑子都是真理，从嘴里说出来，振聋发聩，醍醐灌顶，他的金言流进你的耳朵，于是你脑海里也就注满了真理，水平自然提高了一大块。高人传道，我得道；高人授业，我得业；高人解惑，我彻悟。总之我只要被动接受就行了。这种“听课心态”源于对权威的迷信，也源于对教育的不正确理解（对主体性重视不够），更源于人类本性中的懒惰，因为这种学习方式是最省力的，操作起来也简单。其实世界上并没有这么便宜的事情。花钱就能买到东西不假，伸长耳朵就能听到真理却是幻想。电视节目《百家讲坛》红极一时，原因即在于此，现在《百家讲坛》衰落了，也是势所必然。人们一开始对这种节目期望值太高了，脱离了实际，失望情绪自然会潜滋暗长。

教师培训亦如是。佐藤学先生说：“事实上，因为一次演讲而使得学校或是授课有所改变的，还从来没有过。”这恐怕基本属实。问题的关键在于，人们根本就不该有过高的期望，授课者也绝不可以做出这样的承诺，否则你就有行骗的嫌疑。我也给教师培训班讲过课，现在有时也讲。我不认为我的课毫无用处，但也不认为它有多大作用。我明明白白地告诉学员，我的话如果能对您有些启发，我就知足了，真正提高自我或者改变自我，要靠您自己的实践和修炼。语曰：“师傅领进门，修行在个人。”我连“领进门”都不敢保证完全做到，可能对有的老师，我的话有“领进门”的作用，对另一些人，或许只是开了一个门缝，对有的老师则可能没有什么用。这是实话，不是谦虚。

2015 年 7 月 5 日

9. 学校是一个顽固的组织

我认为，要让学校转变，至少需要三年。第一年，在学校里建立起教师间公开授课的校内教研体制；第二年，提高研讨会的质量，以授课方式和教研活动为中心，重新建构学校的内部组织、机构；第三年，以学生和教师有目共睹的转变为依据，把新的授课方式和课程设置正式固定下来。通过如此三年的教研活动，学校就可能成为一所像样的学校了。

这个三年改变学校的方略是我以迄今为止的经验为基础导出的一个结论。操之过急的改革，对学生、对教师都没有好处。学校是一个顽固的组织，不是靠一两年能改变的。当然三年也未必能改变成功。其中最大的难关是校长。如果校长对学校改革持消极态度，那么就算用了三年，最终也是徒劳，而只能把希望寄托在下一任校长身上了。这样的学校即使到了第四年、第五年也可能仍然维持在第一年的水平。反过来，如果校长持积极支持态度的话，这个三年计划无论在哪个学校都是行得通的。

（《静悄悄的革命——课堂改变，学校就会改变》，第 49—50 页）

学校确实是很难改变的。科举制度已经被废除一百多年了，可是你去看看学校，那个教育理念的骨架，大多还是“为考试而学习”的思路，可见学校不但组织顽固，思想更顽固。然而为了追求政绩，为了证明自己不保守有创新精神，你到处都可以看见新的包装，洋品牌为多，都是一些形式主义的、表面化的东西。校长们似乎个个锐意改革，一年一个新台阶，花样翻新，层出不穷。佐藤学先生还是比较乐观，他认为只要校长有改革的积极性，用他的办法，哪个学校三年都能变样。咱们不了解日本教育的具体情况，据说日本教师的素质不低，但是我敢说在我国，情况未必有这么乐观。比如素质教育，喊了好几十年了，典型也树了不少，好像没有哪个是真正名副其实的。有些的确有点实质性的进步，多数是两层皮，即“两样货色齐备，各有各的用处”。

佐藤学先生强调校长的作用，我很赞成。我一直在说，校长培训比教师培训更重要，因为校长对一个学校的小气候的影响，比普通教师大得多。缺乏革新精神的校长固然糟糕，但我觉得在中国，那些善于打着革新旗号“谋发展”，实际上并不懂得教育、也不想深入研究教育的校长，更是可怕。后一种人还可能是名人，正在前台大出风头。

因为我是普通教师，所以我喜欢站在教师的立场上想事情。我思考的结果是：不要把希望寄托在校长身上。改变一个学校很难，那也不是你我的职责，我能做的，是改变我自己。这当然也不是一蹴而就的事情，但我不断努力就是了，即使整个学校停滞不前，我自己也可以天天向上，不必等着“天上掉下个好校长”。要是你始终碰不到一个真正有水平的校长(此事概率并不低)，你还活不活？

2015 年 7 月 13 日

【夸克 7292（K12 班风小论坛）】

积极的校长就一定好？

就我个人经验来看：佐藤学先生认为校长积极比消极要好，这个观点在大部分情况下是成立的，毕竟故步自封会阻碍学校进步，但是王老师指出的“更是可怕”的校长确实是中国的实际国情。

就拿我所在的学校来说，前任校长当年为了办学办出特色，赴杜郎口中学考察学习后，在全校推行了所谓的“自主课堂”，提出“不换思想就换人”的口号。虽然“一刀切”限制了大家的课堂，但是也有个好处：老师们的目标明确，知道劲儿往哪儿使。而且这个课堂有一个环节即学生的展示确实很精彩，往往成为家长开放日和老师上公开课的一大亮点。

前任校长退休后，新校长上任，踌躇满志，锐意改革，先是提出所有的课所有的内容套用一个模式不合适。这个从教育学的角度讲也是对的。过了一段时间，新校长又含糊地说“自主课堂”是学校的特色，不能丢。后来考察了分层教学，在学校匆忙上马，推行了一个学期后停止了。再后来又搞了两个国学实验班，一开始还利用早自习时间让学生扎马步，学习《弟子规》，之后早自习取消。我私底下问国学实验班的班主任，她说从上课内容到学校考评，国学实验班和其他班也没有什么区别，但有些学生学了《弟子规》后还是有点进步的。现在新校长又推进所谓的“互动式课堂”，学生人手一台 iPad，我听了几节“互动式课堂”的课，大失所望，容量小，节奏慢，学生眼睛始终盯着平板电脑，视力应该会大大损耗。然而私底下相关领导和实验班老师个个都歌功颂德，没有谁公开提出任何反对意见。

新校长还引进了几个“专家”，做所谓的“心灵成长”培训，一个团队的培训工作没有搞完，又引进另一个团队来培训。引进的“专家”在台上确实也讲得头头是道，还成立了所谓的“个性学生引导小组”，可是我们班级的“问题学生”的问题却一个也没有处理好，最后考试考个十几分，还是普通老师来擦屁股。这样“积极”的校长好不好？

对一些老教师来说，还是有点好处的。像我这样的，觉得还是有收获的。而且我懂得取舍，有一些教改我是不随波逐流的，清醒地做自己的事情。最惨的是新教师——像和我同一年进入这个学校的应届毕业生，估计有点晕头转向。他们对一些最基本的课堂教学和管理还没有搞清楚，就被要求进行最新式的课改；对一些基本的学生问题还没有了解清楚，安全需求还没有解决，却被要求“心灵成长”，脱下“人格面具”。我每每看到新教师培训搞的那些打坐、冥想、文化礼仪、职业素养等培训内容，心里就不是滋味，这些本来是副业培训的内容变成新教师主业培训的内容，确实有点本末倒置。

其实佐藤学先生提出的建议是蛮接地气的，就是从课堂抓起，课堂的授课方式和教研活动一旦落实到位，教师和课堂都会进步和转变，经过三年，学校确实会发生改变和进步。但是碰到一个善变的“积极”校长，三年内变换太多，则学校也会改变，只是变得更“混乱”而已。

10. 教室的墙壁，学科的隔阂

将学校固定于现有状态并使之窒息的，与其说是文部科学省和教育委员会的官僚体制，倒不如说是学校内部同事间的权力关系。教室的墙壁、学科的隔阂，是在校园内部运作的最强有力的权力。如果不是所有的教师都打开教室的大门，并且从内部彻底粉碎这种权力关系，那么，学校的改革是不可能实现的。

（《静悄悄的革命——课堂改变，学校就会改变》，第51页）

之所以有必要在学校改革的第一年，让所有的教师至少上一次公开课，是因为必须把许多陋习，如对自己教学中存在的问题避而不谈，却无所顾忌地批判别人的陋习，没有自己的研究课题，只知道按上边的指示行动的陋习，不愿被别人在背后指点，用坚实的盔甲把自己严密地包裹起来的陋习，只认可自己的行为方式，而不肯向别的老师虚心学习的陋习，等等，一并清除、克服，让所有教师超越自己，构筑起和同为实践者的同事们的团结合作关系，这正是所有学校改革的前提。

（《静悄悄的革命——课堂改变，学校就会改变》，第54页）

“教室的墙壁、学科的隔阂，是在校园内部运作的最强有力的权力”，佐藤学先生提出的这个观点，我以前还真没认真想过，看来这是一个很值得注意的问题。

有些老师说：“当老师的有什么权力呀，领导支使你，家长曝光你，学生你也惹不起，学生是上帝。”然而事情不是这样简单。俗话称老师为“孩子王”，既能称王，就有一定权力，这点权力离开教室或许就微不足道了，但在这间教室里，恐怕还是有一定力量的，俗话说的“县官不如现管”。

“我的地盘我做主”，即是一种权力心态。此种权力心态，作用也未必都是负面的，但是对于教师教育教学水平的提高，确实有害，它会把人一个个封闭起来，互相无法沟通，大家都难以进步，如闭关锁国。确实，我们的老师之间，很缺乏实质性的横向联系，尤其缺乏研讨式的教育教学方面的沟通，大家见面除了闲聊之外，就是必需的互通情况，或者发牢骚。

这里有一个例子。前几天我应邀去一所小学和老师座谈。有一位女班主任提问。她说有个男生她教了好几年了，一向很听话，近日迅速退步，还顶撞老师。她显得很生气。我听了以后，想了解更多的情况，就问在座的老师除了这位班主任之外，还有没有谁教这个孩子。一位男老师站起来说：“我是这个孩子的数学老师，我的感觉与班主任不同，我觉得他在进步。”于是班主任有不悦之色。两位老师的意见不一致，我当然无法当场判断谁说得对，但是我觉得我应该劝这位班主任向数学老师细致地询问一下情况，以便使自己对这个学生的看法更准确。我就这么做了，可是我发现这位班主任对此没什么兴趣，她又重复了一遍自己对这个学生的看法。我觉得这位班主任的态度就是一种封闭的态度。学生在你课上的表现如何，只是一个角度，他在其他老师那里表现如何，是另外的角度，你多点角度看一个学生，不是更真实吗？然后我就对与会的全体老师说：“请各位注意，如果在你的课上有个学生经常不注意听讲，你最好去问问他在其他课上是否也不注意听讲。如果他哪一科都不听，那是一回事；如果他有的课挺注意听，那是另一回事，属于后一种情况你要是断定这个学生‘上课不注意听讲’，那就是不准确的，是以偏概全，有些主观了。”我这样说，与会老师们表示认同。我经常发现老师们尤其是班主任轻率地给学生做各种结论，把个人的印象当成事实。这其实就是一种封闭，甚至可以说是在某种程度上滥用了自己的权力（评价权）。你也主观，我也主观，互不沟通，就成了一个个小小的“独立王国”。佐藤学先生说，“教室的墙壁、学科的隔阂，是在校园内部运作的最强有力的权力”，这话挺引人深思的。

2015 年 7 月 14 日

11. 教研活动应该怎么搞?

> 开展教学研讨活动的次数是必须保证的。仅靠两三次的研讨要深入地进行教学方式上的取长补短是不可能的。只有通过十几次的案例研究，才可能达到互相取长补短的目的。而且，在研讨教学问题时，比起事前的研讨来，开展事后对教学过程的反省，针对实际的事例进行相互学习更为重要。没有必要在事前花时间，而应该把时间花在事后的充分讨论上。因为无论是怎样的教学，都能从中学到很多东西。
>
> ……研讨教学问题的目的绝不是对授课情况的好坏进行评价。因为对上课好坏的议论只会彼此伤害。研讨的焦点应针对授课中的“困难”和“乐趣”所在，大家共同来分享，以达到教研的目的。因此，互相谈论这节课哪里有意思、哪里比较困难、学生有哪些表现，并通过相互交谈让学生学习时的具体样子重新浮现出来，这样的教学研讨才是每位教师所期待的。
>
> （《静悄悄的革命——课堂改变，学校就会改变》，第 55—56 页）

我理解，佐藤学先生这些话的主要意思有两个，一个是教研活动应侧重在课后而非课前，另一个是，教研活动要与教学评价脱钩，不要在教研活动时老想着评价讲课教师的教学优劣。我认为这两点意见都很中肯，且切中时弊。我亲身经历过很多教研活动，多是所谓的“集体备课”，也就是把研究重点放在上课之前。这种备课的结果是任课教师不得不“集中集体智慧”，把自己的课弄成一个灰色的“大拼盘”，最后很难看出做课教师的教学特色，恰好把需要研究的教学问题掩盖了，弄模糊了。而在评课时，则是说一些拜年的话，捎带指出一点不足之处。实际上大家并没有研究什么问题。搞这种教学研究，大家关心的重点与其说是教学，不如说是人际关系。

我想，真正的教学研究应该是“问题导向”的。也就是说，每个参与者都“对事不对人”，他们是真的在研究教学中遇到的专业问题，各谈各的想法，互相启发。这种课事先无须“精心准备”，应该是家常课，这样的课讨论起来才有真实的收获。但是只要参与者怀有评价和竞争的心态，他就必然企图把“最好的自己”展现给他人，于是公开课就难免有了表演的性质，甚至可能造假。可见，公开课搞竞赛，是违反专业水平提高的规律的，竞赛是行政行为，学校内部的教研活动，不能这么搞。

当然，佐藤学先生说的是理想状态，事实上在教研活动中，让老师们完全忘掉评价和竞争，忘记人际关系，全力以赴思考问题，那是很困难的。但是学校领导起码不要火上浇油，不应该强化这些东西，否则本来就已经偏颇的教研活动会更加走偏。另外，可能还有一点是更重要的，研究活动需要确有水平者的引领。即使你完全做到了教研活动重在课后，与评价脱钩，也未必真能达到研究目的，因为很可能大家还是停留在表面，说一些陈词滥调，连有意义的“教学问题”都提不出来，讨论也就无法深入。发现问题需要眼光，不是每个人都有眼光的。我的经验，教研活动最大的问题在这里。

2015 年 7 月 18 日

12. 应对学生的教学

佐藤学先生提出了校内教研活动的三个原则：

（1）应对学生的教学；

（2）创设以听为中心的教室；

（3）教师持有自己明确的课题的教学研究。

这三个原则很重要，我先全文录入，然后谈感想。

> 改革第一年校内教研活动的中心目的不是“上出精彩的课”，而正相反，授课技术拙劣一点无所谓，失败多次也无所谓，最重要的是在教师和学生之间建立起教师尊重每个学生的相互关系，以及学生之间相互影响的关系。也就是要在教室里形成一种每个学生都能安心上课、彼此之间都能互相勉励的学习氛围。
>
> 缘于此，观摩课和校内研讨的中心应该是教师对待每个学生的态度问题。然而，现在一般的教学研究都是围绕教材的研究、授课过程的研究以及提问、指导的研究等而展开的。其实，应该把学生的学习状态和教师的态度作为讨论的中心问题。对于教材内容和授课结构的研究应该从课堂上每个学生的学习实况和教师的对应这两者间的联系出发来进行讨论。
>
> 要把学生的学习和教师的对应作为中心对象的话，需要从改变观摩课的参观方法、研讨时的讨论方法等做起。过去参观上课，通常都是参观者在教室后面站成一排进行观察的。也就是说，是以授课教师的教学方法为观察中心的。因此，参观位置应该向以观察学生的学习和教师的对应为中心的位置转移。即要在教室的两侧而且是尽量靠前的两侧。在那样的位置上观察，才能够感受到每个学生细微的言行、表情和对待这些“信

号”的教师的微妙对应之处。

在教学研讨会上，还有必要把课堂上教师对每个学生学习实况的对应作为话题的中心。在改革的第一年，比起教师的提问、教材注解的研究来，更应该围绕学生学习的具体状况和教师的对应来进行讨论。比如，对于学生上课时的窃窃私语或困惑，教师是否能够领会；教师有没有在无意识中，以不恰当的应对遏制了学生学习发展的苗头；对于事先没有预料到的学生的反应，教师有没有采取灵活、耐心的态度；对于需要帮助的学生，教师有没有给予恰当的帮助；等等。通过对这些具体问题的探讨，为创造这样的教室打下基础，即让教室里的学习成为每个学生都能得到尊重、每个学生都能放心地打开自己的心扉、每个学生的差异都得到关注的学习。

要进行以学生的学习实况和教师的对应为中心的研讨，最重要的是，在教室里进行独立学习和合作学习的教师和学生之间、学生和学生之间建立起互动关系，这在第一年的教学改革中起着决定性的重要作用。在教学过程中，每个学生是否得到了尊重，只需在教室里听听他们的声音就能马上判断出来。在每个学生的个性都受到尊重、每个学生的学习都受到鼓励、产生了相互学习氛围的教室里，学生的身体都很放松，大家都能温和地、诚恳地进行交谈。一般来说，教师上课时总要求学生大声地、活泼地发言，而其实，在学生以自然的轻声细语来交谈的教室环境里，更能培育自立、合作的学习者。因为在感到放心、安全的氛围中进行有意义的交流时，人们（当然包括学生）通常都是在思考的同时把自己的心声慢慢地讲出来的。

在扯着嗓门喊叫的教室里，在自我中心盛行的教室里，在仅仅只有一部分学生能够发言的教室里，在有若干学生几乎从不发言的教室里，在声音中都感到带刺儿的教室里，学生笼罩在自由放任或自暴自弃的气氛里，要进行自立、合作的学习是根本不可能的。造成这种教室氛围的根源在于教师的对应。因此，非常有必要进行以教师的对应为中心话题的教学研究。

作为改革第一年的课题，是要把学校里大多数的教室变成能让学生情绪稳定、相互间能够诚恳、亲热地发言和倾听的教室。反过来即是说，如果能让教室的空气远离浮躁，让学生自然平静的声音重新回到教室，并且教师能够通过对每个学生言行的恰当对应而创造出平和气息的教室来，那么，无论是使用什么样的教材，都能实现与其内容相应的自立的学习、合作的学习。

（《静悄悄的革命——课堂改变，学校就会改变》，第56—59页）

改革课堂教学的突破口是改变课堂气氛（学习气氛），让每个学生都能安心地、放松地思考、发言、参与讨论，实现这一目标的关键是教师要以尊重、鼓励和因人而异的态度应对每个学生的活动和发言。教师做出怎样的应对，就创造出怎样的课堂。

我理解这就是上文的基本含义。

传统的课堂也强调应对，但主要是学生应对教师。你要注意听老师讲课，要跟着老师的思路走，要按老师的要求去做，等等。这样形成的课堂气氛对教师传授知识是有利的，但是很容易造成教师以自我为中心，教师必然根据学生是否符合教师的要求来看待学生，很容易忽视学生的真实想法和心理需求。这种课堂，对于教师，或许很爽，但是学生的感觉很可能是另一样：有人可能会恐惧（特别是那些达不到教师要求的学生），有人可能会焦虑（比如学生发现自己的想法不被教师关注和理解），有人可能会烦躁（学不会，或者早就会了），如此等等。总之，师生缺乏人与人的交流，课堂上多的是单向的知识流动。这种课堂很难有生气，即使表面热闹，学生的真实发展也很可疑。佐藤学先生认为应该把事情颠倒过来，应该首先强调教师应对学生，而不是学生应对教师。也就是说，要把“学生看教师脸色行事”转变成“教师首先要对学生察言观色”，以此安排自己的教学。佐藤学先生的想法其实就是向以教师为中心、以教材为中心发起挑战，确实是革命性的，切中时弊，是教学改革的正确方向。

不过我觉得，佐藤学先生的具体论述，有些还是需要探讨的。

读佐藤学先生的上述文字，你会感到其中有些隐含的假设。

第一，假设学生都是想学习，想思考的，他们受到的学习挫折，完全是或者主要是教师的不良应对造成的。

第二，在教室里，不被尊重和鼓励的只是学生，教师不存在这些问题。

第三，教师有条件、有精力、有能力恰当地应对每个学生。（有因材施教的味道）

日本的情况我不清楚，但是在中国，愚以为这三种假设都是有问题的，太理想化了，现实情况并非如此。

佐藤学先生说："对于学生上课时的窃窃私语或困惑，教师是否能够领会；教师有没有在无意识中，以不恰当的应对遏制了学生学习发展的苗头；对于事先没有预料到的学生的反应，教师有没有采取灵活、耐心的态度；对于需要帮助的学生，教师有没有给予恰当的帮助；等等。"这里对学生的叙述全是正面的，果真是这样，教师确实是只要用尊重的态度细心关注和面对，效果就会很好。然而在真实的课堂上，学生的"窃窃私语"未必与学习有关，学生"没有预料到的"反应很可能是违反课堂纪律，似乎"需要帮助"的学生，可能需要的首先是制止他影响他人学习的行为。在上述情况下，教师当然也需要尊重学生，也需要恰当地回应学生，但这与佐藤学先生所说的应对就差别很大了。而教师们在日常工作中，对学生负面行为的回应要占不小的比例，这是没有办法的事情，也就使佐藤学先生的理想课堂大打折扣了。

佐藤学先生只谈到了教师对学生尊重不够、细致应对不够的问题，没有谈到学生不尊重教师的问题，没有谈到学生自行其是、完全不理睬教师的情形。其实这类情形也很常见，有日益增加的趋势，而且这类问题未必都是教师工作失误造成的。这样，如果片面强调教师尊重学生，将增加教师的困惑。如果一间教室里本来就缺乏尊重教师的气氛，我看教师再提高自己的应对水平，佐藤学先生的理想课堂也是难以出现的。我注意到佐藤学先生谈论教改的时候，回避了管理问题、纪律问题、课堂规则问题，好像这些问题不存在或者早已解决了，没有乱班，也没有"问题生"。或许学者论述问题的时候可以专谈一个侧面，但生活是立体的，真实的教师接触的真实生活不是这样的。如果你走进了一个乱哄哄的教室，你会发现佐藤学先生的理论完全用不上，更谈不上实现佐藤学先生“应对学生的教学”了。

退一步说，即使学生真的都想学习，他们的细微言行都是正面的，都与学习有关，教室里没有纪律问题，教师完全无须在管理上费神，在如此惬意的教学状态下，教师就能做到“让教室里的学习成为每个学生都能得到尊重、每个学生都能放心地打开自己的心扉、每个学生的差异都得到关注的学习”吗？恐怕这也只是一种理想。我不清楚日本学校的班额有多大，我国学校多数班级都是40人左右，这么多人，教师怎么能做到细致地应对每个学生的特殊行为和心理呢？要知道真实的学生一个个带着什么样的心态走进教室，原因是非常复杂的，绝不是任课教师所能完全左右的。教师有这个精力吗？有这个能力吗？再说，教室里那么多人，教师如果刻意应对某个学生的特殊需要（就算这个需要完全合理），那也常常就等于忽视了大多数学生的需要，甚至侵犯了大多数学生的权利，这会使教师非常难办。所以，教师讲课和组织活动一般都是“面向大多数”，这确实很粗糙，有时显得很不“人文”，但有其合理性，这是没有办法的办法。

我希望读者不要误会。我并不反对佐藤学先生的教改方向，虽然我感觉佐藤学先生的理论有“态度决定一切”、“师生关系，一抓就灵”的倾向。我只是说，既然佐藤学先生主张教师应该为每个学生着想，那么同样道理，作为教育科研人员，也就应该为每一位一线教师着想，设身处地地站在他们的立脚点，从他们的实际情况出发推动教育改革，这样效果才会更好。

2015年7月27日

【星辰1553（K12班风小论坛）】

读这篇帖子我有以下考虑。

（1）我们现在将教学与德育分开研究是不是得当？像我是在一所初中

做德育工作的，从部门上，我们与教学部门分开。据我了解，有的搞德育工作的人，一般不太关注教学，更多的是同教学部门抢时间，争地盘，很少讲如何协作；有的“德育人”底气不足，不争抢，讲协作，于是就跟着教学走了。

佐藤学先生的教学改革方法，其中的原理，用在德育工作上我想也是合适的。学校为学生提供“学习”的场所，这里的“学习”是“大学习”，不只是文化课知识、成绩。

（2）我以为王老师是主张情境教学的，与佐藤学先生的教学改革第一步相近。我觉得就是建立良好的师生关系。做心理咨询的人很注重和求助者建立良好的关系。这不仅是理论，也是一般逻辑。这还与雷夫老师在第56号教室中创设的“没有恐惧的课堂”异曲同工。

（3）没看王老师的说明前，我也想到班级人数问题，因为在之前的论坛中讨论过，一个班级40多人，一堂课40分钟，教师想达到因材施教，分层教学，照顾到每一个人的目的，不现实。那么结合王老师提到的其他几个方面的问题，真正的教学改革，只能因地制宜。一个办法，放到四海都通用，说不通。

（4）君子和而不同，王老师的有些观点我不理解，或暂时不能接受，但我喜欢这种讨论问题的探究精神，喜欢这种把问题摆在前边、直到弄清楚为止的科学思路。

【夸克7292（K12班风小论坛）】

《静悄悄的革命——课堂改变，学校就会改变》我看了一遍，我的感觉是佐藤学教授提出的可能是“理想状态应该是什么”，而王老师在阅读的时候有时候会考虑“实际情况是什么”，这是一个很好的提醒。我们的教学理论工作者很少提出“实际情况是什么”，而只从自己的理论出发提出“应该是什么”，这恰恰是一线教师比较排斥教学理论的真正原因，因为一线教师永远也达不到那些理论工作者提出的那个境界。

暑假学校组织新教师培训，我看了培训计划并旁观了一天，上午是一个领导讲“教育的本质”，下午是一个优秀教师讲“让课堂绽放生命的色彩”。我中途很想发言，但是觉得不合适。不过现在我可以将我当时的想法谈一下：我觉得新教师培训，这些内容听听可以，可以当作一个参考，但是不要当作一个参照。新教师，第一步能够站稳课堂就不错了，整明白“课堂实际情况是什么”，初步能够安顿好学生，完成教学任务就已经很不错了，如果要朝着“应该是什么”的方向去搞，要让自己的课堂绽放生命的色彩，恐怕最后站不稳讲台。前段时间有一个年轻教师，不停地看教育理论，自己不去听课，不琢磨课堂，结果在学校没有待住。

我们学校之前说要搞课程重构，组织中层干部讨论学习，结果有部分老师就提出一个很现实的问题：如果搞课程重构，要不要参加市教育局安排的统一考试？要不要参加市里的教研活动？

我曾经自己搞过教改，尝试在课程上做出一些改变，问题是学校每个月组织一次月考，在教改的过程中班级成绩如果连续倒退，你还有勇气继续下去吗？这是第一个因素。第二个因素，你准备减负，少布置作业，增加学生的自主学习时间，其余科目老师并没有和你一样，于是学生热衷于完成其他老师的作业，你的自主学习时间可能被其他科目的作业占用。你认为学生课后应该看你的微课件、微视频，可是实际上学生把这些时间用来写其他科目作业，你怎么办？我提出这个困惑后，遭到了校长的无情讽刺，他说我“总是不敢放手，总是担心其他科目老师抢你的时间”，让我无言以对。（这位校长实际上是回避了问题——王晓春注）

教学理论若是多考虑“实际情况是什么”，估计更受一线教师的欢迎。比如佐藤学先生提出的“过去参观上课，通常都是参观者在教室后面站成一排进行观察的。也就是说，是以授课教师的教学方法为观察中心的。因此，参观位置应该向以观察学生的学习和教师的对应为中心的位置转移。即要在教室的两侧而且是尽量靠前的两侧。在那样的位置上观察，才能够感受到每个学生细微的言行、表情和对待这些‘信号’的教师的微妙对应之处”。这就比较实在。听课老师老是坐在最后排，没有面对学生，看不到学生的表情，确实是目前听课时一个需要改进的地方。

13. 创设以听为中心的教室

互相倾听是互相学习的基础。教师往往想让学生多多发言，但实际上，仔细地倾听每个学生的发言，在此基础上开展指导，远远比前者更重要。要创设一个每个学生都能安心发言的教室环境的话，必须对各种不同的意见十分敏感地倾听，建立起相互倾听的关系来，否则这一目标是不可能实现的。

倾听这一行为，是学生学习中最重要的行为。善于学习的学生通常都是擅长倾听的儿童。只爱自己说话而不倾听别人说话的儿童（人）是不可能学得好的。学习，一般认为这是能动的行为，但不应忘记的是，在能动的行为之前，还有倾听这一被动的行为。学习，是从身心向他人敞开、接纳异质的未知的东西开始的，是靠“被动的能动性”来实现的行为。

然而在大多数的教室里，这种“倾听”关系没能在学生当中建立起来。在没有“倾听”这一相互关系的教室里，占支配地位的是对他人的漠不关心，因此，相互学习的关系是不可能产生的。

要形成这种互相倾听的关系，光靠说一句“喂，注意听呀”是不够的。形成互相倾听的教室的第一步，是教师自身要自始至终地保持专心一意地、郑重其事地听取每个学生发言的态度。除此以外，没有别的办法。在教室里，凡有不好好听别人发言的学生，肯定有不认真地倾听每个学生的一言一词的教师。这种不善于倾听的教师，往往自己很爱讲话，但讲话时是不会对自己的言辞进行谨慎的选择的，也对在场的每个学生能否听到或理解自己的讲话毫无意识。靠这样的教师是不可能在教室里建立起互相倾听、互相学习的关系的。

教师应该认真地听取每个学生的发言并做出敏感的对应，

应能慎重地选用每个学生都能理解的词语讲话，这样，学生之间才会开始互相倾听，才能在教室里形成仔细倾听别人的讲话、互相交换意见的关系。

在改革第一年的教学研究中，我所重视的正是这种互相倾听关系的形成。接下来就是教师的讲话方式，即视学生的每一句话都如珠玉般的宝贵而给予尊重的态度，以及消除粗话或含义不清的言辞，精心选择那些能给每个学生留下深刻印象的言语来上课的讲话方式。如果不能建立相互倾听、相互交谈的和谐关系，是无法创设相互学习的教室的。

不过，不论教师的倾听方式和讲话方式要怎样改进，也不可能马上在学生中形成互相倾听的融洽关系。期待学生发生改变不能过于心急。学生的变化是缓慢的，历时越久越见成效。至少得有10个月的思想准备，并坚持不懈地鼓励学生去建立这种关系。就这10个月的重要性而言，要说是第二年或第三年的教学发展的保障也不为过。

（《静悄悄的革命——课堂改变，学校就会改变》，第59—60页）

佐藤学先生提出了校内教研活动的三个原则，上面是第二个原则的全文。

在以往的教育中，传道、授业、解惑的教师定位就暗示了教师的教学姿态是说重于听。教师以说为主，学生以听为主，似乎天经地义。语曰没有调查就没有发言权，但这个说法对于教师好像不适用，教师似乎被赋予了特权，不用调查就可以哇啦哇啦讲下去，只因我说的话是学生每个人都需要听的，我是在传承文化和知识。因此你会发现，教师利用率最高的器官就是嘴，对于教师，课堂就是要“讲”；对于学生，课堂就是要“听”。

浮躁的时代和浮躁的人把说的作用发挥到了极致。新派的教师不但自己大说特说，还鼓励学生人人开口。和听相比较，说更富于表现力，想表现自我，想吸引他人眼球，说当然比听有效。要展示“学习积极性”，说自然也比听更显眼。于是课堂成了一个大家竞相“说话”的地方，充斥着此起彼伏的争先恐后的低水平发言，如蛙声一片。有许多课堂上的所谓

"交流"实际上是"各说各话"的"伪交流"，谁也没认真回应他人的发言。之所以如此，就是因为发言者根本没有认真倾听他人的发言。听是说的基础，听相当于输入，说差不多属于输出，一个人在学习方面从小忙于输出，他能不浅薄吗？肚子里没什么东西，拿什么输出？只好靠声音大和出怪相吸引人，这正是目前我国知识界和文艺界的通病。所谓低俗，本质上是低智、弱智。不幸此风也吹到了教育界。读和写的关系也是如此，虽然写作的过程也是一种学习过程，但和阅读相比，写作毕竟没有阅读那样的基础作用。杜甫说："读书破万卷，下笔如有神。""读书破万卷"是因，"下笔如有神"是果，二者的顺序是不能颠倒的。如今最大的问题是国人阅读量很小很小，发言积极性却出奇得高，结果可想而知，就是产生海量的语言垃圾、文字垃圾，网络都快成超级垃圾站了。你到网上看一看，就会发现有很多发言者根本就没有看懂别人的发言，甚至都没细看，然后就信口乱说。说的习惯压倒了听的习惯，人们已经不会倾听，或者不屑于倾听了。从人际关系角度说，很多人在交流中的姿态是并不关注和尊重别人，却强烈要求别人关注自己，都想做将军，没人愿意做士兵。这本质上是一种封闭的心态，而佐藤学先生告诉我们"学习，是从身心向他人敞开、接纳异质的未知的东西开始的"，我觉得这话很经典。

佐藤学先生"创设以听为中心的教室"的建议切中时弊。连倾听都没有学会，没有养成习惯的人，根本就不是一个学习者。带着尊重对方的心态，专注地、认真地倾听他人说话，恰当地予以回应，这是人生的一项基本功，教师在课堂上必须把它作为一项基本目标来对待，以身作则，率先垂范，带动学生学会倾听。

但佐藤学先生认为学会倾听应该是课堂改革的首要任务，愚以为可能需要看具体情况。"以听为中心的教室"其实是需要有些前提条件的，未必每个课堂都已经具备了这些条件。比如说，听是以说为前提的，没有说，谈何听？如果在一个课堂上学生很少发言，大家都沉默，那么教师即使想做个倾听的榜样，也缺少机会。再说学生上课说的话也未必都与学习有关。他如果在那里说与学习无关的小话（这种情况极为常见），教师是否也要洗耳恭听？这时候如何掌握正确的倾听姿态？在《静悄悄的革命——课堂改变，学校就会改变》一书的前面，佐藤学先生说过“那些对枯燥无味的或者无意义的课题表现消极、毫无兴趣的学生不仅是自然的，也是健康的”。教师讲课枯燥无味，学生发言枯燥无味，也是常见现象，这时候要求师生都“自始至终地保持专心一意地、郑重其事地听取”，合情合理吗？可见，事情并不像佐藤学先生所说的那样简单。虽然我们承认培养倾听习惯极其重要，但是具体一做起来，情况是很复杂的，需要因地制宜、因人制宜。

到这里，我感觉佐藤学先生行文有个不足之处。先生在叙述某个做法的时候，常常不考虑先决条件，好像万事齐备，只要照着我说的去做就行了。事实上，一线教师遇到的情况可能完全不是这样。佐藤学先生提出了校内教研活动的三个原则，前两个原则的论述都有这个问题，第三个原则也是这样，后面还要说。感觉这里面有“只管布置任务”的行政思维色彩。任务可能是对的，或者方向是对的，但如果不考虑每个实施者的实际处境（至少要考虑常见的几类教室），理念正确也会落空。

2015年8月5日

14. 教师持有自己明确的课题的教学研究

> 在改革第一年中，教学研究里还有一点是必须重视的，即每个教师都要带着自己的课题致力于教学研究。要让教学具有创造性，教师自身必须明确自己的挑战课题。尽管这是理所当然的事，但对此竟没有哪个学校清楚地意识到。一说到研究课题，就习惯认为是全校统一规定的，所以往往都依赖学校科研处。“我们配合教学研究，希望他们提出研究课题来。”这样本末倒置的想法渗透到许多学校里，至今仍很有市场。教学研究课题的确定应当是每位教师个人的责任，而学校科研处的任务不过是把大家的课题总括起来，并逐个帮助实施罢了。
>
> （《静悄悄的革命——课堂改变，学校就会改变》，第61页）

这是佐藤学先生校内教研活动第三个原则的原文。依我看这又是一个“好说不好做”的原则。日本的情况我不清楚，反正在我国中小学，我敢说这样的要求基本上是脱离实际的。

问题的关键不在于学校领导和教师没有意识到这个问题，而在于大家有没有能力做到这一点。我到中小学去给教师讲课，问校长们讲什么题目，得到的回答常常是“您决定吧”。我和高校一些教师培训班有联系，他们请我讲课，也很少有提出新的研究型题目的，一般都是班主任工作、课堂管理、“问题生”教育，等等。我讲课习惯留一个小时左右时间与学员互动，我发现老师们提的问题95%以上都是拿出一个具体案例，然后问“怎么办”，都是问操作方法，很少有研究性。一次我到某区去给班主任讲课，主持者告诉我，下面的老师至少有一半是研究生学历，可是他们的问题，也和别人并无二致，就是问“怎么办”。我退休之前曾经被单位委派到一个小学当科研顾问，那个校长壮志凌云，要求每位老师必须搞一个独立的研究课题，而且要写论文。这下可把老师们难住了，他们不知道弄什么题目。上网抄，参考学校提供的资料，费了很大劲确定了题目，没有几个是自己想出来的。然后按照所谓的科研程序走了一遍，最后都写出了论文，还出了一本书。我个人觉得基本上是形式主义，此种“科研”对提高教师的实际专业能力没有什么意义，徒然加重了教师的负担。

不是我说泄气话，独立想出一个研究题目（发现问题）是难度很大的一件事，在一定意义上甚至可以说，发现新问题比解决很多问题还要困难。老师们的所谓“问题”，一般指自己遇到的工作中的困难，而科研中所谓的“问题”不是这个意思，它是指一个新的视角，一个过去没有注意到的方面或方向，一种需要探究才能了解和解决的事情。没有相当敏锐的感觉和一定的理论素养是提不出科研题目的。甭说一般教师，就是职业的教育科研人员，你去看他们的研究题目，也有大量雷同的，而且多数是大而无当的空论，制造了很多学术垃圾。因此我认为，要求每个教师都有自己的研究课题，作为一种理想、愿景、努力方向是可以的，但对多数学校来说，目前不具备可操作性。那就不如先抓少数条件较好的老师作为带头人，辅导他们提出自己的研究题目，逐步扩大。如果说没有这一条就无法搞课改了，我觉得这是要求太高了。

2015 年 8 月 8 日

15.“体现教师是教育专家的工作时间”有多少?

现在学校的机构和组织过于复杂化了。每次访问学校时，在校长室里我总是要看《学校要览》，特别是要看一下“组织·机构图”。通常的情况是，只有20名左右教师的学校，倒有30名以上的校务分管部门成员和委员会成员。我仔细地看了一下用小字写在各校务分管部门和委员会名称旁边的教师名字，算了一下一个教师要兼任几种职务。结果发现，再小的委员会，都有好几次面向教职员的会议，连会议的次数也已设定好了。难道真有必要分这么多个分管部门和委员会吗?真有必要把一些微不足道的事情都放到会议桌上去吗?

日本教师的工作时间是平均每周52课时。超过劳动省规定的标准12个小时，所以教师是非常繁忙的。但是，体现教师是教育专家的工作时间，如授课、课前准备、教研活动、课程建设等，却占其中的一半，另外近一半的时间是浪费在各种各样的会议和杂务上的。我访问了多所学校后发现，教师之间的关系越是不太融洽的学校，学校的校务分管部门和委员会就越多，组织和机构也就越复杂。并且，越是分管细致、组织和机构复杂的学校，教师对于全校事务的责任感越是薄弱。陷在各项分担的事务和会议中，大家开会时只想到自己的任务，对他人的工作毫不关心。这种复杂的组织和机构不但把每个人的工作分得零零散散，而且削弱了大家对集体的责任意识。

还有更重要的一点是，复杂的组织和机构使得原本应该是中心的，即教师作为教育专家的工作变得空洞化，而让周边的杂务扩大化。为使教师分内的工作，如教师的称号所示的工作成为真正的中心工作，应该毫不迟疑地简化学校的组织和机构。

（《静悄悄的革命——课堂改变，学校就会改变》，第62—63页）

看来，行政挤压业务、挤压专业活动空间，搞形式主义，瞎忙，并不是中国教育特有的现象，这可能是权力运作的一种必然逻辑：有权者总是倾向于扩大其权力。教师本是专业人员，但是他们总会被迫做很多非专业的事情，而用于专业的时间在不知不觉中被“蚕食”了，更糟糕的是，很多教师对此毫无觉察，竟以为自己每天忙忙碌碌干的事情都是教师的专业工作，直到多年后，猛然发现自己的专业水平停滞不前，才开始反思此事。一般来说，学校领导作为行政人员是不会事先提醒教师注意这个问题的，他们只希望教师把每一件领导布置的任务都做好，不关心这些任务到底有多少专业性，不关心这些任务是否挤压了教师的专业活动空间。“教师作为教育专家的工作变得空洞化”，这话令人警醒。有不少老师都对我说，实际上他们真正用在备课、研究教学上的时间很少，真正用在研究学生教育上的时间也很少，大部分时间都在应付领导布置的各种检查、评比和竞赛。

要改变这种状况，一个是寄希望于校长中出现一些明白人，精兵简政，真的以教育教学为中心来安排工作，另一个就是教师自己要醒悟过来，搞清自己的安身立命之本，不要糊里糊涂地跟着糊里糊涂的校长走，不要只图眼前领导的表扬和奖励，尽量避免非专业性的工作占用自己更多时间，把主要精力投入专业性工作，做一个名副其实的专业人员。我写的那本《教师怎样少做无用功？——高效能教师必备法则》，其实主要说的就是这件事。作为一个老人，一个老教师，我越来越体会到，人活一辈子，真能活明白是很不容易的，你辛辛苦苦若干年，真能知道自己每天在干什么，也是很不容易的。

2015年8月11日

16. 教改的一个成功案例

距今7年前，我曾经花2年时间参加了东京都内一所中学的改革工作。那是一所约有300名学生的中学。学生很野，曾经出现过一年打破玻璃近百万日元的记录。我和校长、教导主任商量以后，制定了以教学改革为中心的学校改革计划。那是我第一次提出废除校务分管部门和委员会。尽管在那以前，我曾经协助过全国各地许多中学改革教学，但结果总是改革得不彻底，当时的着急和不安还记忆犹新。我虽然充分认识到中学的改革比小学复杂得多，但我一心想要克服自己那种无力感和中学教学改革的重重困难。

我向学校的教师们提出以下4个提案。第一，无论学生怎样调皮，课怎么上不下去，在教员室和学校以外的地方，绝对不说学生的坏话。第二，作为教学改革的具体指针，在所有教学时间内，哪怕是几分钟的时间，也要引入让学生活动的作业，引入小组的、合作的、相互交谈的活动，引入学生相互表现、交流和品评各自理解的事情等活动。也就是把“活动的、合作的、反思的学习”在每一课时的教学中具体地落实。第三，设定每周一次的校内教研活动，进行教学事例的研究。另外，在每周的年级大会或者学科组的会上进行教学事例研究。第四，为了把教学工作置于中心位置，废除校务分管部门和委员会，把这些工作一并放到每周一次的教师会议上讨论解决。

废除校务分管部门和委员会是我的大胆提议，校长和学校的所有教师也都同意并开始实践。我至今都还在想，他们当时能够采纳真是太好了。毕竟当时学校的状况是那样恶劣，所有的教师都强烈地希望能做些什么。当然，在计划得到认可后，最不安的还是我。废除了校务分管部门和委员会，只留下教职员会，学校能够正常运作吗？但是当时我想，无论如何，都要尽量确保教学研究的时间。只要授课情况改变了，学校就能改变。

上述的4个提案实践了一年，其成果不到3个月就开始显露出来。不仅学生们上课时开始积极起来，过去在校园里横行的暴力也渐渐消失了，砸坏玻璃等公物的事也越来越少。刚开始时，发生在教师身上的变化比学生还要明显。在最初每周的校内教研活动上进行教学研究时，在每隔一周进行年级事务、学科事务的教学研究时，大家都显得比较拘谨、笨拙。但过了几个月后，每一次的研讨会都成了充满笑声的愉快聚会。中学的教学研究学科类别的障碍很大，要对其他学科的教学坦白提出自己的意见很困难。但在这所中学里，由于一开始我就提议把“活动”、“合作”、“表现”这3个要素贯彻在授课过程中，这些后来都成了教师们研讨的共同话题，所以学科之间的障碍也就轻轻松松地跨越了。

这样一直到了第三学期的2月份，在校长的提议下，挑了3所学生过去的母校，让那儿的教师来观摩教学，向过去曾经教过这些学生的教师们公开学生的成长状况，并请他们进行评论。当天，场面真是令人感动，每个班级的学生都真诚、积极地互相学习，出现了“比小学更像小学”的授课情况。

第二年，在继续“基本照原样”地实行第一年的4个提案的基础上，学校开始致力于更细致的教材研究和教学研究。之所以说是“基本照原样”，是因为教务分管等最小的分管职务又开始恢复了。因为校内教研活动已被安排在年级运作的中心位置上，年级大会和学科组会的教学研究也比上年度更加活跃了，所以没有必要再强制废除一切分管工作了。

校内的一切暴力事件都销声匿迹了，当然，玻璃损失费也没了。尽管我也曾预想过这样的成果，但还是为这巨大的改变而感到吃惊。更让我吃惊的是学生们上课时的出色表现。无论是走进哪个教室，学生之间都真诚地互相学习，每个学生的表情都是那么的积极而又富有个性。虽然在过去的20年里，我也曾经协助过许多学校进行教学改革。但还从没有在别的学校里，在改革的第二年中，就看到学生表现得这么出色。在第三学期的2月份，按校长提议，以区内的中学教师为对象，举办了一次公开研讨会。由于这所中学曾经一度因校园暴力而出名，故参观者都受到了极大的冲击和感动。对我而言，这也是一次难得的体验。

（《静悄悄的革命——课堂改变，学校就会改变》，第63—65页）

以上是本节的全文。

这是一个教改成功的案例，但是佐藤学先生叙述得比较简略，我不清楚佐藤学先生这四条建议学校是怎么做到的，因为按我国中小学的情况，这四条，即使付出很大的努力，也未必能做得好。“无论学生怎样调皮，课怎么上不下去，在教员室和学校以外的地方，绝对不说学生的坏话。”这一条或许可以做到，只要教师管住自己的嘴就行了。第二条，“在所有教学时间内，哪怕是几分钟的时间，也要引入让学生活动的作业，引入小组的、合作的、相互交谈的活动，引入学生相互表现、交流和品评各自理解的事情等活动。”我理解，要把所有的教学时间，都变成“活动时间”，这是很难的。常见的课堂教学，教师的讲解总要占相当的比例，都变成活动，能完成教学任务吗？再说，还有一个更大的问题，教师有本领把一切教学内容都变成活动，通过活动来完成吗？这真的要求教师是课程专家了。据我所知，目前在我国，连教研部的老师们都鲜有能做到这一点的，一般老师就更不用说了。佐藤学先生的第三、第四条建议，只要校长决心大，倒是可以做到，但决心做是一回事，能不能保证教研活动的质量是另一回事。佐藤学先生这种教改方式在我国中小学能否实施，我不敢说。

但是我觉得佐藤学先生的这个教改思路很新颖，颇有值得借鉴之处。

“通过教学研究来改变学校”[①]这种思路在我国是很少见的。我们的中

①佐藤学．静悄悄的革命：课堂改变，学校就会改变[M]．李季湄，译．北京：教育科学出版社，2014：67.

小学校长谈到改变学校面貌，通常都是以强化管理为突破口，制定一些条条框框，强势推进，也有些学校是以搞课外活动为抓手改变学校面貌的，很少有校长把教学研究作为改变学校面貌的核心问题的，更少有把改变课堂作为改变学校面貌的抓手的。我们恐怕得承认，佐藤学先生的这个思路，更具专业色彩，更符合教师的职业本质。

佐藤学先生的教学研究，突破口既不是教材，也不是教法，而是在课堂上看师生之间、学生之间有没有真实的交流。以此为重点改革教学，在我国也不多见。我们一说课堂改革，就是开点新名目的课程，或者用一种什么新的教法，或者教室布置、学生座位有新的安排，或者看课堂学生发言是否踊跃。我们是不大注意教室里“认真倾听”的气氛的。佐藤学先生的这个思路，引人思考。

还有一件有意思的事。佐藤学先生认为这个学校的改革是他的得意之作，少有的成功，但我们看看成功在哪里呢？佐藤学先生说，教师的“每一次的研讨会都成了充满笑声的愉快聚会”，“校内的一切暴力事件都销声匿迹了，当然，玻璃损失费也没了”，“每个班级的学生都真诚、积极地互相学习”，“每个学生的表情都是那么的积极而又富有个性”。这就是成绩吗？这样的总结在我国恐怕是通不过的，因为我们最感兴趣的是考试成绩，是升学率，这才是“干货”，不信你看看我们的名校长和名师总结经验的发言，最后都要落实到考试成绩上，或者干脆开头就先把成绩摆出来，吓你一跳，让你佩服有加，再不无得意地介绍他的经验。什么是改革成果？在佐藤学先生的心目中，最重要的成果并不是学习“成绩”，而是学习“状态”，这个思路非常值得注意。愚以为佐藤学先生抓住了根本。学习状态比学习成绩更重要。有好的学习状态，长远看必有好的学习成果，而眼前即使有好的成绩，如果状态并不好（在我们这里这是常见的——死读书，拼体力换分数），算总账学到的东西反而少。佐藤学先生的教改评价标准发人深省。

2015 年 8 月 16 日

17. 指令性研究

首先，来看一下那些进行指令性研究的实验学校里的公开研讨会。实验学校在接受三年的指令性研究任务时，通常是在第三年举办公开研讨会。在指令性的研究任务下达之前，对于是否接受任务，常常是教师会议上容易引起纷争的一大议题。在改革时，这一实验学校制度既有优势也有弊端。

实验学校的最大弊端在于它的形式主义。全校教师围绕规定的主题，按照规定的方法，根据惯例归纳出研究结果并打印成文件，再公开授课。这样一来，无论过程怎样生动活泼，到头来都是形式上进行，按统一的框架开展，所以这种研究从本质上来说，不过是被动的研究和被动的公开研讨而已。可作为证据的是，一旦做完了三年研究成果的印刷物，举办了公开研讨会，到第二天，剩下的就仅仅只有完成任务的轻松感和徒劳感，而研究活动和教研活动便就此中断，不会再持续下去了。经常听到的就是“研究呀、教研呀，得过一段时间再说了”这一类的话。究竟为什么要搞研究呢？其研究的目的变得如此令人费解。之所以有许多教师反对接受指定的研究，恐怕也正是因为预见到这样的结果吧。

当然，如果能很好地利用这种指令性研究来激活日常的校内教研活动的话，那么，就算把研究结果印刷成文，开过了公开研讨会，学校也仍然会继续进行研究和开展教研活动的，不过这样的学校实在为数不多。在这样的学校里，通常只是把指定的研究课题当作日常教研活动的一部分，把印刷物仅仅当作平时教研活动的总结，把公开课只当作日常教研活动的一个环节而已。接不接受指定的研究任务，学校的研究和教研活动都照样进行，而上公开课也只是活用了学校改革计划第三年的程序而已。

但现实是，大多数的实验学校都是为研究而研究，为发表而发表的。我在与实验学校合作的时候，总是建议他们把指定的研究主题只作为校内教研活动的一部分，即使是要印刷研究成果，也不要在事先做过多的准备，只需把三年的记录照原样打印出来交上去即可。然而，校方一般总是认为“那太不成样子了吧”，而劳民伤财地把它弄得很漂亮。可学校的状况呢，却是三年一过，一切又恢复老样子。

（《静悄悄的革命——课堂改变，学校就会改变》，第68—69页）

看起来，把教研和教育科研当成面子工程这种事，不仅中国有，在日本也不新鲜。这种研究的主要特点是指令性和一刀切，其课题不考虑不同学校、不同教师的具体情况，也不是教师自主提出来的。对此教师的态度是：“你让我研究我就研究，你让我怎么研究我就怎么研究”，“给上级研究”，“搞个研究给上级看”。如此研究能有多少真实的收获，可想而知。

那么，作为上级机关，为什么要这样做呢？除了“业绩驱动”之外，也有苦衷。形式主义的研究未必符合教师的真实需要，那么，多数教师的真实需要又是什么呢？据我给教师培训班讲课多年的经验，多数中小学教师需要的是“告诉我怎么做，我去做就是了”。也就是说，多数教师需要的并不是研究，他们缺乏研究的主观愿望，只想“干活”。然而上上下下谁又都知道做“研究型教师”的重要性，于是没奈何，既然你不研究，上级就逼你研究；你想不出研究型题目，上级（或请专家）就只好主观确定一些题目。这样弄出来的题目脱离实际自然是难免的了。

总之，这是一个怪圈。领导越是下令研究，教师越缺乏主动性，而教师越不主动，领导就越发地只能强迫。你会发现这和学生厌学、教师加压的道理是完全一样的。要打破这个怪圈，恐怕比较好的办法是领导不搞强迫命令，尽量不搞或少搞指令性研究，着力培养少数真正愿意自主研究而且有一定研究能力的教师，慢慢扩大影响。硬逼是无效的，放弃也是不对的。

2015年9月10日

18. 家长参与学校教育活动

……要克服父母以自己的孩子为中心，把对儿童的教育私事化的教育意识，就必须让家长有直接参与学校教育活动的经验。我本人也曾作为家长参观过几次女儿所在学校的教学情况。虽然过去曾经观察过那么多的教室，但是到了女儿的课堂里，我的眼睛就只顾看自己的女儿了。由此可见，要把对儿童的教育私事化的家长观念纠正过来并不是一件容易的事。要突破这一障碍，家长直接配合教师进行教学活动的切身体验是必不可少的。

……随着参加次数的增多，家长们不再局限于对自己子女的照顾，对别的儿童也开始进行帮助，他们的意识也从以自己的孩子为中心逐步地向教室中的全体学生，甚至向学校的全体学生扩展了；再次，过去教学参观只是母亲来参加，而改革后，不但祖父母来参加了，而且连父亲也来参加了……

家长参与的方式更是各式各样。有的作为小组学习的讲师来参加，也有的代替教师来授课，还有的坐在教室里和学生一起听课，等等。在参加这些活动之前，有的家长事先跟教师商量过，但大多数都是当天临时决定参加什么活动的。有的家长与教师合作完成一个单元的教学工作，也有的家长只参加一节课的学习。但无论是什么样的形式，都完全不同于过去的“教学参观”了，家长们亲身加入到了授课和学习的活动中。

（《静悄悄的革命——课堂改变，学校就会改变》，第75—77页）

我很赞成佐藤学先生关于家长参与学校教育的主张，感觉这比我们通常所说的“家校合作”更好。我们很多老师对家校合作的理解几乎就是片面要求家长“配合”学校工作，给老师当“助教”，或者捐钱捐物，动用家长的社会地位和人脉为学校办事情。实际上，一些老师把教室看成自己的“一亩三分地”，不喜欢别人伸进头来窥视，更不容许他人染指，对同事都有戒心，何况家长！这是一种封闭的心态。近年许多学校搞了“开放日”，允许家长参观课堂教学和学生活动，但家长基本上是观众，而学校的主导思想则是向家长“汇报成绩，展示业绩”，有相当程度的表演性质。佐藤学先生的意见是实实在在地把家长请进学校和课堂，让他们体验教学，体验学习，不是作为观众，而是作为参与者。自愿参加，方法多种多样，能参与到什么程度就参与到什么程度，什么时候来都行，以此潜移默化地转变家长的“教育私事化”的观念。我觉得这才是家校合作的正确方向，做起来也并不困难，校长、教师有宽阔的胸怀就行。

2015 年 10 月 6 日

小千谷小学的“参与学习”形式，通过报纸和电视在全国各地学校的教师和家长们中间传播开来，现在，各地的学校都在尝试同样的方法。由于有了这么多学校的经验，推进“参与学习”的各种创意也逐步丰富起来。

比如，为推进家长参与教室里的教学，教师往往让“客串教师”的家长来上课。当然，作为促进学校和地方的合作，“客串教师”的形式也是有效的方法之一。但是，如果在“参与学习”的最初阶段就用“客串教师”的形式，那么，来参加活动的父母很快就会越来越少。这正是教师不了解一般家长的感受的证据。因为引进“客串教师”的形式后，许多家长觉得，能参加这样活动的家长只是少部分有特殊能力和技能的人。而家长中半数以上是没有上过大学的。看着那些大学毕业、有特殊职业的家长作为“客串教师”参与活动，没有上过大学的家长们会因为自己无能而退缩。教师对于这种心理的了解似乎显得比较迟钝。所以，如果教师希望有更多的家长来参加学习的话，那么，还是避免“客串教师”的方法为宜，特别是在开始时，应该采用一种更加轻松、家长自身也能乐在其中的方式。

此外，好不容易引进了“参与学习”的方式，如果教师过于注重授课的完美性，就会使家长们受到拘束。例如，我常听到教师们抱怨，在进行小组活动时，邀请家长做临时讲师，可是他们不关注学生的思考，而是很快把正确答案教给了学生，结果一堂课上得平淡无味。此时，教师往往得出“应该事先和家长做好充分商量”的结论。的确，刚开始做“客串教师”的家长都有强烈的教授知识的倾向，这是事实。但是，如果因为家长的这种状况，就在事先花费大量的时间和精力与之商量的话，那么家长就会越来越缺乏参加的兴趣，教师的负担也会因此而增大。

对于“参与学习”，还是要看开一点比较明智。一开始老爱教学生怎么做的家长有了几次“参与学习”的经验之后，也会逐渐改变做法，不再急于把答案告诉学生，而是在一旁让他们自己思考。在“参与学习”中，最重要的一点就是让家长们感受到其中的乐趣。如果教师过分追求完美的授课过程，那么就有可能使家长们觉得受到拘束，也会让学生的思考变得呆板起来。所以，参与活动越是轻松愉快，“参与学习”方式就越能持续发展下去。

现在，中学里也在普及“参与学习”。由于中学上课的内容比小学的高深且抽象，所以人们普遍认为在中学开展“参与学习”是比较困难的。但我听说了这样一件事情：某中学的家长们强烈地要求参加数学的二次方程式单元的学习，据说是因为他们至今仍然不太懂二次方程式，所以希望跟学生一块儿学习。我觉得，像这样的“参与学习”如果能在初中和高中得以实现，那真是可喜的事情。

教师和家长携起手来，学校就能重新成为“学习共同体”。早在10多年前，家长和公民作为志愿者参与授课的情形就在美国的学校里司空见惯了，然而人们认为在日本的学校里这是难以实现的。但是，自从小千谷小学的实践之后，全国多数的学校和教室都在引进“参与学习”的做法。现在，日本家长参加的积极性比美国家长有过之而无不及。我们绝不能低估社区和家长的能力，而学校也是一个还有无数的可能尚待实现的地方。

（《静悄悄的革命——课堂改变，学校就会改变》，第78—80页）

我理解，家长“参与学习”的办法并不是要把家长培养成“老师”或者“二老师”（助教），也不是教师把自己的活儿外包给家长一部分，以减轻自己的负担，当然也不是要增加教师的负担。这样做的目的是让家长“体验做教师的感觉和做学生的感觉”，也就是让家长保持一种“学习者”的心态。这非常重要，这就有可能在家庭中创造一种真正的学习气氛。目前，我们的很多家长对孩子的学习都很重视，但弥漫在家庭中的气氛并不是“学习气氛”，而是“家长逼孩子学习”的气氛，家庭并不是一个“学习共同体”，家长在学习这件事上扮演的角色更像一个监督工人干活的包工头（恕我直言，很多教师也差不多如此）。在这种氛围中，要让孩子对学习感兴趣是很困难的，要让他们厌学却很容易。因为在这种气氛中，孩子的直观感受就是“大人不爱干的事情让我们小孩干”。家长“参与学习”是改变此种氛围的好办法。一旦教师、家长、学生都成为学习者，都经常保持一种“学习者”的心态，都以学习为乐，学习就会真正成为生活，那才是教育的最高境界。

2015年10月9日

19. 佐藤学的课程观

在教室中，“创造课程”之所以没有进展，其最大的原因在于：在日本，课程的概念被误解了，呈现混乱状态，这种误解和混乱目前还仍然持续着。现在，大家都在热心地议论着“创设综合学习课程”的事，而实际情况是大多数学校都倾向于制订课程的“目标”和“计划”。

那么，课程到底是什么呢？“创造课程”该干些什么、怎么干呢？

所谓课程，一言以蔽之就是“学习的经验”。在“课程”这一词的英语释义中也有“履历书”的意思。所以，“课程”是“学习的轨迹”，也是“学习的履历”。即是说，“创造课程”并不是制订“目标”或“计划”一览表，而是要实际创造学习的经验。课程并不是在办公室里或教研室里创造出来的，而是在教室里一天天地慢慢创造出来的。因此，即使课程在一学年或一学期开始前就准备好了，但从本质上说，它是在一学年或一学期结束后作为“学习的履历”而被创造出来的。这样，课程的“独立性”和“个性”也就不过是每天都在追求的“教学”与“学习”的“独立性”和“个性”而已。

“创造课程”可通过三种活动来进行。一是学习经验的“设计”，二是创造学习经验的“教室实践”，三是对这种学习经验进行“反思和评价”。

毋庸赘言，这三种活动的中心是“教室实践”。因为课程是在教室中创造出来的。

如果把这三种活动阶段性地加以区分的话那就错了，因为在实际创造课程的进程中，是以“教室实践”为中心，同时进行“设计”、“反思和评价”的。

“创造课程”的能力是教师专业能力的核心。

（《静悄悄的革命——课堂改变，学校就会改变》，第 83—84 页）

人们通常对“课程”这个概念的理解是：学校教学的科目和进程（《现代汉语词典》）。说得详细一点是这样的：课程是指学校学生所应学习的学科总和及其进程与安排。广义的课程是指学校为实现培养目标而选择的教育内容及其进程的总和，它包括学校老师所教授的各门学科和有目的、有计划的教育活动。狭义的课程是指某一门学科。佐藤学先生则说：“所谓课程，一言以蔽之就是‘学习的经验’。”这种说法或许不算严密，但是明快，抓住了事情的本质，且切中时弊。我们通常对课程的理解是静态的，佐藤学先生所谓的课程却是动态的；我们通常对课程的理解是理论上的、书本上的，佐藤学先生所谓的课程却是实践的；我们通常对课程的理解是预设的，佐藤学先生所谓的课程却是生成的；我们通常对课程的理解只是从教的角度考虑的，佐藤学先生所谓的课程却是从学的角度出发的。课程无论设置得多么好，如果不能转化成学生真实的学习经验，还是空的，或者是失败的，显然，佐藤学先生的课程观更实在，也更深刻。

“‘创造课程’的能力是教师专业能力的核心。”佐藤学先生的这句话很重要，非常重要。据我所知，中小学老师一般对“教师专业能力”这个概念就比较模糊，他们似乎觉得课能上下去，领导交代的任务能完成，就算有专业能力了，或者觉得管理班级能力是最重要的专业能力。我的理解，若按照佐藤学先生的意见，教师的专业能力，其核心是“创造课程”的能力，也就是善于帮助学生取得和增加“学习经验”的能力。换句话说，一个教师，要兼有教材编审人员的能力、教研员的能力和组织课堂教学的能力以及自我反思和评价的能力，这才算有了专业能力。我曾经到一所小学去和老师们研究语文教学问题。我选了一篇教材之外的一个所谓“网络大V”的文章，让老师们设计教学方案。这是一篇立意显然有毛病的文章，老师们设计的方案却都是让学生领会其“优点”的，教学思路也是老套路。讨论时我就指出，这样的文章应该组织学生讨论，估计他们会有不同的看法，议论一番，可以提高学生的阅读分析能力。我看出有些老师对我这样安排很不认同。有一位老师说："您没有告诉我们这是一篇有毛病的文章呀！"你听听，文章好坏，水平高低，得由别人告诉他！那你自己的阅读能力在哪里？这就可见，我们有些老师已经自觉地或者习惯性地把自己看成一个彻底的"知识搬运工"，像快递员一样，只管把邮件送到顾客手中，至于里面装的是什么货色，我不管。实际上他们已经把教师专业的大部分工作都"外包"给别人了，自己根本无须独立思考，这还能算专业人员吗？

实事求是地说，要让我们的多数教师（更不用说全体教师了）兼有教材编审人员的能力、教研员的能力和组织课堂教学的能力，并不现实，但我想起码应该能做到这样：你应该有设计班本课程的能力。这个课程应该是你自己独立发现课题，独立设计课程内容，独立进行教学的，当然你可以借鉴他人的经验。能做到这一点，就证明你有了起码的专业素质。至于日常的课程，不要求你"创造"全部课程。你可以用现行教材，无须自己另编，但你应该依据本班情况做调整；你不必自己当自己的教研员，但是你也不能照抄教参，你对教材应该有自己的理解，应该有自己的教学方式。也就是说，对于真有专业素质的教师，讲课是"再创造"，而绝不是"照本宣科"。按这样的标准，我们的老师真能做到的有几多？

2015 年 10 月 26 日

20.“综合学习”举例

下面是佐藤学先生介绍的几个综合学习的案例。为了节约篇幅，也为了眉目更加清爽，我做了摘要。

主题：海洋中的生物

参加人员：神奈川县某校小学三年级三个班的师生。

时间：4—10月份。

活动过程：开始时，学生每月至少到海边去一次，凭兴趣收集海星，观察寄居蟹，研究海蜇的结构，研究有毒的鱼类，研究鳗鱼，等等。参观水族馆，请专业人员搞专题讲座。

然后，学生按兴趣组成各种小组，综合自己的观察结果和所查到的资料，举办“海洋生物展览会”。

（参见《静悄悄的革命——课堂改变，学校就会改变》，第90—92页）

主题：水

参加人员：静冈县富士市某小学四年级三个教室的学生。

活动过程：这个地区无山无海，师生访问净水处理场，听说校区范围内的家庭中只有三分之一的家庭和下水道相连，因此决定研究这个问题。

学生和热心的家长首先查清了该地区下水道的网络。结果他们发现，只有学校附近最早开发的地区有下水道，其他地区的住家厕所用水是由各住家的净化槽处理的，而生活用水则不做处理，直接注入河流。

为什么这个镇的下水道不能配备齐全呢？师生有的去市政府调查，有的经过有关部门同意揭开下水道盖子，查看污水情况，有的访问下水道施工现场。结果发现这里的地质结构，下水道施工很不容易。该地区住宅建设发展迅速而下水道设施建设滞后，治理需要巨额费用，居民承受不起。

后文如何，作者没有介绍。

（参见《静悄悄的革命——课堂改变，学校就会改变》，第92—94页）

主题：寻找大淀最漂亮的地方

活动过程：三重县伊势市某小学教师大西老师在社区做调查，印象最深刻的是这里的老年人都活得生气勃勃，街上的人都亲切、和善。他发现这种社会风气与这里生产制作的一种“羊栖菜”有关。这里生产全日本所消费的80%以上的羊栖菜，老人都参与羊栖菜的制作活动。于是大西老师组织学生开展这方面的社会调查。

学生发现，这些生产羊栖菜的小厂家、批发店和商店是该镇人们生活和人际关系的枢纽，此地良好的人际关系正是在羊栖菜的生产经营活动中形成的。于是学生到渔业协会去了解羊栖菜的历史，访问了羊栖菜的生产工厂，了解了羊栖菜的种类和制作方法。最后，他们还学会了羊栖菜的烹调方法。

（参见《静悄悄的革命——课堂改变，学校就会改变》，第95—96页）

主题：向残疾人学习

参加人员：东京某中学三年级学生。

活动过程：邀请住在本区的盲人妇女到教室，学生先体验蒙上眼睛走路的感觉，然后与盲人交流。有一个全盲的女孩给学生表演自己打网球的本领，那个网球里装有铃铛。网球部的学生发现自己的技艺都比不上她。这使很多学生改变了对残疾人的看法，不再以为残疾人只是无能的、需要帮助的人。然后学生们学习盲文，各自用盲文写下自己的名字。当盲人女孩念出学生的名字时，他们都高兴得热泪盈眶。

（参见《静悄悄的革命——课堂改变，学校就会改变》，第101页）

2016年1月8日

21. 综合学习与学科学习的区别

……这二者之间的不同，并不在学习形态方面。综合学习和学科学习的区别在于把“知识”和“经验”组织成单元的方法不同。综合学习是以现实的“主题（课题）”为核心，把“知识”和“经验”组织成单元的学习；而学科学习是以学科的“内容（题材）”为核心，把“知识”和“经验”组织成单元的学习。也就是说，综合学习和学科学习是两种把学习组织成单元的不同模式。

（《静悄悄的革命——课堂改变，学校就会改变》，第 89 页）

我的看法是这样的，具体点说，综合学习与学科学习有以下区别。

（1）学科学习有教材，章节固定；综合学习没有教材，课题是教师或学生独立发现和确定的。

（2）学科学习主要学的是书本知识，纸上谈兵；综合学习则有实战色彩，与社会生活和生产实际相融合。

（3）学科学习依据不同学科来分类，各学科之间有严格的界限；综合学习则打破学科界限，它是以“问题”为核心组织教学的，其课题可能涉及多个学科。

（4）学科学习通常是有正确答案甚至标准答案的，综合学习没有标准答案，甚至没有答案（如前面介绍的综合学习课题：“水”）。

（5）学科学习是要考试的，综合学习不考试，其学习成果用论文、展览等方式呈现。

（6）学科学习一章一节地推进，有板有眼；综合学习则断续用一段时间，尤其是课外时间。

（7）学科学习一般在校内进行，综合学习必须走出校园。

其实，综合学习与“文革”中的“开门办学”有相似之处。我在“文革”中就带学生参加过很多社会活动（学工、学农、学军），也办过所谓的“专业班”（比如“红医班”[1]）。现在想起来，其中不少教育理念是很先进的，至今仍有参考价值。然而这已经是50多年前的事情了。那些有益的尝试，说扔就扔了，说忘就忘了，现在还得重新从外国引进，像翻烙饼一样，翻过去，翻回来。我们什么时候能多点对教育规律本身的尊重呢？

2016年1月9日

①这个班级的学生在学习一般课程之外，还学一些医疗知识，犹如今日的“特色班”。——王晓春注

22. 综合学习对教师而言难在哪里?

我国教育界近年也在倡导综合学习，教改所谓“校本课程”，基本上就是综合学习的路子。据我所知，很多学校对“校本课程”都很头痛，不知道开什么课好，摸不着门。看来综合课程对不少教师是个难事。

为什么难？难在何处？

（1）我们很多老师太习惯“照本宣科”、“照猫画虎”了。有课本，有教参，网上有很多现成的教案，还有教研部门指导，按部就班干就行了。可是这个综合学习的课程，没课本，没教参，连学什么都得自己琢磨。无“本”可“照”，无“科”可“宣”，无“猫”可“照”，无“虎”可“画”，于是就手足无措了。

（2）综合学习没有考试，在我们浓重的应试主义氛围中，没有考试就没有动力，很多老师对它都不重视，有一搭无一搭，顶多看成软任务。

（3）综合学习课程对教师的社会化程度要求较高，而中小学教师恰恰是“从家门到校门”、生活方式相对封闭的人。换句话说，中小学教师的生活习惯和心理习惯本身就与综合学习的本质不相适应，关门心理遇到了开门办学，自然难办。

正如佐藤学先生所说：

> ……为什么许多教师没有在“综合学习”中应予追求的现实主题和内容呢？这是因为许多教师只在学校中生活，他们并没有作为一个市民而生活在社会中的缘故。
>
> 如果是作为一个市民而生活的话，那么需和学生一起探究的课题比比皆是。如果去到社区，就会发现诸如环境问题、福利问题、人权问题、公民歧视问题，等等，应该学习的课题堆积如山。“综合学习”绝不是一个困难的领域，关键在于一定要有一个普通市民所应有的、能与学生一起探究的主题，同时

一定要有改革课堂学习的决心，二者缺一不可。

（《静悄悄的革命——课堂改变，学校就会改变》，第 88 页）

（4）综合学习对教师本身的求知欲要求较高，可是，恕我直言，中小学教师中有许多人每天很少想着如何提高自身的素质，他们把绝大部分精力都用在“怎样迫使学生学习”上了。这种心理状态特别不适合综合学习，因为综合学习有明显的探究色彩，没有强烈的好奇心和求知欲，是干不好的。对此，佐藤学先生也有论述：

> ……综合学习能否成功取决于教师自己能否与学生一起共同愉快地学习，这一点比什么都重要。不管教材如何出色，不管资料准备得如何丰富，不管指导方案制订得如何完美，如果教师自己不能与学生一起愉快地学习的话，那么学生的学习也就得不到发展。作为学习设计师的教师，首先要求他们自己要勤奋好学。

（《静悄悄的革命——课堂改变，学校就会改变》，第 96 页）

总而言之，综合学习对教师自身素质要求比一般学科教学要高。或者可以说，在综合学习的课程中，要想“滥竽充数”，要想“随大流”，比一般的学科教学要困难得多。如果把一般学科教学比喻成合唱，那么综合学习就是独唱，你有没有独立思考能力，你有多大本事，看你的综合学习课，反而更清楚。

2016 年 1 月 10 日

【晨曦中的陈锡（K12 班风小论坛）】

看了日本那些小学生的综合学习，再对比一下我们这里附近学校高中生的综合学习，真的有天壤之别啊！别人是真的走出去，是真研究，而我们则只是上网抄袭一些资料做成论文上交。

【海蓝蓝6384（K12班风小论坛）】

想想看走出去需要什么条件。

老师自身的条件、学生的安全问题，活动经费的问题。单单是学生的安全问题就没有人敢冒险。前天我搬书，本来不需要我搬书，是送书的工人搬，我来帮忙。学生看见我搬书，也过来搬，搬完之后，工人说："如果是城关（我在农村），学生都不会搬。"我还以为师傅是说城关的学生懒惰，就不大在意。可师傅接着说："老师都担心学生磕伤了或是什么，他们都不让学生搬。我就从两层台阶搬到旁边的一楼图书馆里，就几步路而已。"想想看，这么近距离的搬书的事，现在的老师都不会去冒险让学生做，他们还有可能管什么综合不综合的问题？

【晨曦中的陈锡（K12班风小论坛）】

我觉得，学校领导对校本课程的理解也许是模糊的，但是和王老师理解的应该是基本一样的。但是，学校领导太在意眼前利益了，考试成绩就是最直接的眼前利益，校本课程的开设根本的着眼点是学生以后的长远发展，但是会"浪费"学生花在应试上的时间，学校领导基本上都是消极对待的。而且，校本课程的开设还需要组织学生到外面考察，在现在安全至上的形势下，对于学生外出，学校领导是能免则免的，就算真的要组织学生外出，也要经过教育行政部门的严格审批才行。

对于校本课程，教育部和省教育厅是非常重视的，因为这些部门没有应试教育的压力（无论学生考试分数怎样，每一年考上大学的人数基本稳定），他们在意的是民族素质的提升。但是到了市级及以下的教育部门，他们更在意的是本地区的升学率，他们也认为校本课程会"浪费"应试的时间，因而消极对待。我们老师呢？基本也是这样认为的，所以也是消极对待。

其实，我觉得，如果真的好好开展校本课程，不但不会浪费学生应试的时间，反而会提升学生的应试能力。但是，正如王老师所说的："如果把一般学科教学比喻成合唱，那么综合学习就是独唱，你有没有独立思考能力，你有多大本事，看你的综合学习课，反而更清楚。"在现在的学校中，我们老师的素质也许还真的无法承担起综合学习的重担，既然没有这个能力，于是就选择了消极处理，应付一下完事。

我觉得，如果要在学校中开展好综合学习，国家级及省级的教育部门一方面要加强对学校的监督管理，另一方面要专门培养综合学习课的老师。以我这边的学校为例，综合学习的老师都是其他科目老师兼任的，而且经常换来换去，学校领导根本就没有把综合学习的管理当一回事。

【王晓春读后】

海蓝蓝6384老师和晨曦中的陈锡老师谈到的问题都很实际。在我国推进综合学习，必须老老实实面对这些实际情况，采取灵活的对策，不可以一刀切，不可以盲目推进，不能急于求成，否则必然形成走过场和造假，最终毁坏综合学习的名声。很多教师和家长就会说，什么综合学习，纯粹瞎胡闹。50多年前我们搞开门办学的时候，就有这类议论，后来这种议论占了上风，把开门办学彻底否定了，学校回到关门学知识的状态。问题严重了，只好提出"素质教育"的口号来纠偏。这就告诉我们，总结经验教训时，不要走极端，事实上任何一个时期的教育都必然有其合理成分，我们在抛弃那些不合理的东西时，要注意保留其合理成分，否则历史会惩罚我们，迫使我们再来一遍。过犹不及，此之谓也。

2016年1月12日

23. 教师当年是优秀生，反而更难适应综合学习课程

> 在推进综合学习的教师中，我觉得有很多是具有适应此要求的良好素质的人，这种素质如果一言以蔽之的话，即是能基于“事实”进行“探究”的素质。我甚至觉得，这种素质与其说是存在于那些学生时代就一直优秀的教师中，还不如说是存在于那些学生时代不爱学习，而在大学阶段或进入社会后才体验到学习的乐趣，从而大开眼界、不断进步的教师中。辞去汽车公司的工作、好容易才当上教师的大西先生（即主持“寻找大淀最漂亮的地方”课题的小学教师，见本书第 59 页——王晓春注）就是这种情况的典型。
>
> （《静悄悄的革命——课堂改变，学校就会改变》，第 96 页）

为什么当年的优秀生反而更不容易适应综合学习呢？因为所谓的优秀生，都是一些特别善于学科学习的学生，他们的思维方式因此被学科学习的方式固化了。综合学习要求从“事实”出发，而学科学习恰恰是从书本出发的；综合学习特别需要“探究”的心理和能力，而学科学习主要需要的不是探究能力，而是接受能力。也就是说，综合学习需要的强项正是学科学习的弱项，这样一来，那些当年在学科学习方面表现出色的优秀生，遇到综合学习，就可能显得笨手笨脚，甚至格格不入了，因为这二者不是一个劲。可是，综合学习与学科学习这两种思维方式哪一种与实际生活更接近呢？显然是前者。于是你就明白了，高分低能并不奇怪，那是很合乎逻辑的。在一定意义上可以说，对于很多死板的学习者，他取得高分的过程，正是塑造其低能的过程（养成教条主义脱离实际的思维习惯的过程）。于是你也就明白了学校为什么非要多此一举，在学科学习之外增加综合学

习课了，这正是学校教育克服高分低能的一种必要的预防性措施。

2016 年 1 月 11 日

【东风吹落星（K12 班风小论坛）】

如果要拿一个老师的“出身”来讨论老师的工作方法的话，我认为王老师这个出发点有些偏颇。如果起始定义又出现偏颇的话，那就更不好说了。比如，同样是中小学时期的“优秀生”，里面要细分的话，能分出十来种甚至是数十种来，不能让他们都坐同一条船上。

24. 综合学习与学科学习，各自的地位与作用

> 迄今为止的日本学校课程，仅仅只以学科学习的模式进行组织。学科学习的重要性也许今后也不会改变，但在进行学科学习的同时，也应该把处理人生征途中谁都会面临的现实课题、现代社会所要求的现实课题的直接学习和学科学习并行起来加以组织。综合学习就是在向这种学习挑战。
>
> （《静悄悄的革命——课堂改变，学校就会改变》，第90页）

> 综合学习是课程改革的突破口。但综合学习每周不过才2—3课时。当综合学习中创造的学习与学科学习的改革结合起来时，综合学习实践就有可能导致教育课程的整体改革。反过来说，综合学习不管开展得多么好，但如果不能推动学科学习的改革的话，则可以说课程改革就没有成果。日常的学科学习的改革才是中心课题。
>
> （《静悄悄的革命——课堂改变，学校就会改变》，第105页）

我理解，这就是说，在可预见的将来，在学校教学中，学科教学还是主战场。这可以消除一种误解，以为“彼可取而代也”，把学科学习都变成综合学习那个样子，一律“开门教学”，一律“探究”，一律搞成“活动”。有些人攻击教改，用的就是这样的借口，他们竭力把教改描写成荒谬、可怕的东西，事实上，我所知道的改革者很少有极端到这种程度的，他们都承认学科教学的主战场地位，也并未想完全颠覆学科教学的传统。

那么提出综合学习有什么意义呢？综合学习对于学科教学的不足之处（例如很多“活的”知识）有补充作用，对于学科教学的缺陷（例如理论脱离实际）有补救作用，对于学科教学的过分垄断现象有挑战作用，对于

学科教学改变现状有启迪作用。从某种意义上说，综合学习是个“异类”，可以用它来打破传统学科教学的一统天下，这就是所谓“突破口”。

既然学科教学是教学的主战场，在其内部进行改革不就行了吗？何须从外部杀进一个“异类”来？我想这是不得已而为之，因为主战场已经很僵化、很顽固了，改它不得，推它不动。这种情况和发展民营企业来挑战严重僵化的国有企业的道理有相似之处。

2016 年 1 月 15 日

25. 知识中心与生活中心

我觉得，学科学习与综合学习的差别，本质上是教学与知识体系、教学与实际生活的关系问题。综合学习强调的是教学与实际生活的关系，而学科教学强调的则是教学与知识体系的关系。这是一个很老的话题了，同时它又永远新鲜。我在十几年前就讨论过这个话题，下面这篇文章，可供参考。

2016 年 1 月 16 日

强调知识体系，还是强调生活？

一、学科教学的两种指导思想

自从班级授课制出现以来，在学科教学方面，有两种指导思想一直在互相竞争，此长彼消。一种是以赫尔巴特为代表的以知识为中心的教育思想，另一种是以杜威为代表的以生活为中心的教育思想。赫尔巴特的“五段教学法”的内容是“预备、提示、联想、总括、应用”，整个教学都是围绕教材、围绕知识在旋转。杜威则有完全不同的教育思想。他说：“学校科目中相互联系的真正中心不是科学，不是文学，不是历史，不是地理，而是儿童自己的社会活动。”[①]所以他主张“做中学”。我国陶行知先生受他的影响，提出了“生活即教育”的主张。可以说，19 世纪以来，各国的学科教育思想是在这两个端点之间摇摆，也有一些教育家提出折中的方案，或者是想尽可能使二者结合起来。

①杜威．新旧个人主义：杜威文选 [M]. 孙有中，等．译．上海：上海社会科学院出版社，1997：215.

我国自兴办学校以来，也是如此。

陶行知先生是由知识中心摆向生活中心的典型，这一点，我们从他把自己的名字由“陶知行”改为“陶行知”就看得很清楚了。

叶圣陶先生是另一类型。1922 年，叶先生曾说过这样的话：“理想的办法，最好不分学科，无所谓授课与下课的时间，唯令学童的全生活浸润在发生需求、努力学习的境遇里。这个境遇，范围自然很广，不仅为欲达某一学科的目的而设。开始分析地考查它的结果，则各科的目的无不达到。……一切学科所以有学习的必要，就因为吾人处于必要那些学科的境遇里。担任国文教授的教师呀，你们为儿童全生活着想，固当特设一种相当的境遇，即为国文教授的奏功着想，也当特设一种相当的境遇。儿童既处于特设的境遇里，一切需要，都从内心发出。教师于这个当儿，从旁导引，或竟授与。这个在儿童何等的满足、安慰，当然倾心领受，愿意学习。”[①]这显然是以儿童生活为中心的教育思想。

但后来，叶先生观点逐渐变化。到了 1979 年，叶先生在全国中学语文教学研究会成立大会上的书面发言《重视调查研究》就是另一个调子了：“特别需要调查与研究的是语文训练的项目和步骤。为了培养学生具备应有的听、说、读、写能力，究竟应当训练哪些项目，这些项目应当怎样安排组织，才合乎循序渐进的道理，可以收到最好的效果。对这个问题，咱们至今还是心里没有数。”[②]叶先生此时已是权威，后来的语文教学就是沿着这条路走下去了。这明显地是向以知识体系为中心的方向摆动了。

我国师范学校讲的教学法一开始就是赫尔巴特的“五段教学法”，先入为主。上个世纪二三十年代虽有所冲击，并没有改变

①叶绍钧．小学国文教授的诸问题 [M] // 顾黄初，李杏保．二十世纪前期中国语文教育论集．成都：四川教育出版社，1991：170.

②叶圣陶．如果我当教师 [M]. 北京：教育科学出版社，2012：139-140.

其主流地位。新中国成立以后，大学苏联，而苏联教育家凯洛夫的教育学也是以赫尔巴特为本的，凯洛夫有句名言："以系统的科学知识武装学生的头脑。"1958年"教育大革命"，强调劳动，强调教育为政治服务，对于知识中心有所冲击。1962年整顿教育，规定学校必须以教学为主，要按大纲教材上课，向知识中心摆回。"文革"期间，停课闹"革命"，复课后，批判"三中心"（即教师中心、课堂中心、书本中心），搞"开门办学"，又冲击知识中心。"文革"后恢复高考，强调"双基"（即基础知识和基本技能），向知识中心强烈反弹。此后，知识中心的倾向迅速强化，应试教育不断升温，终于把它的弊端暴露无遗，再加上国外教育思想的引进，于是逼出了素质教育。教学上又开始强调学生的主体性，主张教学贴近学生生活，突出能力培养，再一次冲击知识中心。总而言之，所有变革教育的要求，不管来自哪个方向，也不管它要去哪个方向，都要触动知识中心，都要向社会、生活求援，这是个规律。在极左思想的支配下，人们求助于阶级斗争、工农兵；现在，人们则求助于社会，求助于社区，求助于少年儿童的生活。当前，在素质教育旗帜下对知识中心的冲击，无论规模还是强度，都是中国教育史上前所未有的。它会使我们的教育出现什么局面呢？会不会仍像以前那样，先造成学生学习质量的某种下降，终于又被否定掉，于是进入新一轮知识中心教育的热潮呢？我们得先来看看知识中心和生活中心各自的利弊，然后再预测其发展方向。

二、知识中心的利弊

我们先来看知识中心的好处。

各学科的知识体系，是几千年来人类智慧的结晶。它是经过无数人的实践和研究，经过无数次的成功和失败、反复的选择和淘汰才形成的。有人甚至认为学科就是科学的浓缩。虽然不能说它完美无缺，不能说它是最终的真理，但它毕竟是人类智慧的阶段性的伟大成果。不把这份遗产接受下来，未免愚蠢，因为人不可能以短短一生重复人类数千年的认知过程。按照学科体系进行学习，实在是迅速掌握人类智慧的一条捷径。

以知识为中心组织学科教学，对于教师是很方便的，知识体系都很系统、严密，一板一眼，便于教学，特别是便于考试和评估。考试问题非常重要。考试就要判分，按知识体系考试，答案清楚，阅卷方便；而以生活为中心的教法，答案不确定，后者显得不如前者“科学”。再有，知识体系是确定的，今年这样教，明年还照样，比较省脑筋。若以生活为中心，生活日新月异，很是麻烦。

由此看来，知识中心的教育思想，确有存在的道理和价值。

那为什么它总是不断遭人反对呢？原来它也有一些严重的缺点。

容易僵化。因为各学科都是从某个特定的角度观察和认识事物的，它分析而不综合，抽象而不具体，讲共性而不讲个性，而且互相割裂，扭曲了生活。当然，所有这些都是有正当理由的，不割裂，不分析，不抽象，根本没法进行研究，但是，长时间进行这种割裂式的学习，容易造成只见树木不见森林和死记硬背的毛病。

见知识不见人。在以知识体系为中心的教学中，学生极容易被看成装知识的容器。教育界有一句广为流传的口头禅：“要给学生一杯水，自己先要有一桶水。”许多人还把它当成座右铭，殊不知这么一来，师生都异化成容器了，区别只是容量的大小。只要以知识为中心，教师首先关心的就是教学的进度和质量，而不会是学生的人格状况，这必然造成人文精神的流失。

“理论是灰色的，而生活之树常青。”（歌德语）如果说生活中的知识是“活知识”、“绿色知识”，那么学科知识就是“死知识”、“灰色知识”。要对这种东西感兴趣是不容易的，因此，以学科知识为中心的教学必然伴随着厌学。

而且，以知识为中心的教育也受到了科学技术飞速发展的强烈冲击。信息技术的发展就给死记硬背当头一棒，你怎么也记不过电脑，“博闻强记”正在迅速贬值。还有，现在出现了学科融合的强大潮流，各种边缘学科风起云涌，过去八竿子打不着的传统学科都“联姻”了，于是原来的学科分类也受到了挑战。

三、生活中心的利弊

如果以儿童的生活为中心，设计儿童生活的情境来组织教学，情况立刻就会发生变化。“要我学”，就会变成“我要学”。死知识会被激活，灰色知识将“绿化”，死记硬背马上解除，填鸭式教法立刻废弃，学生找回了自尊，教师找回了人文精神，大家都从知识的奴隶变成了自身的主人。知识将为能力服务，能力将为生活服务，“一刀切”将转变为发展个性，对教学计划的纵向的机械服从将转变为师生之间和学生之间的横向合作。这真的像当年叶圣陶先生说的那样：“儿童既处于特设的境遇里，一切需要，都从内心发出。教师于这个当儿，从旁导引，或竟授与。这个在儿童何等的满足、安慰，当然倾心领受，愿意学习。”

可惜，这只是理想的境界。

不管你如何精心设计，你也很难使自己安排的情境覆盖各科的知识体系，你很可能弄得体系破碎，知识不完整，看起来课堂上很热闹，大家都兴高采烈，而实际上学生知识水平降低。第二次世界大战以后，杜威的教育思想就因此受到了尖锐的批判，被认为是美国教育知识水平下降的祸根。

另外，这种以学生生活为中心的教学法，确实不易管理和评估。弄不好，会造成对教师的放任和对学生的迁就。

四、几种对策

知识中心不好，生活中心又太难。怎么办呢？

至少有以下几种对策。

1. 坚持知识中心

许多第一线的教育官员和教师都采取这种态度。你有千变万化，我有一定之规。我们现在的教育体制基本上是适应知识中心的，对学校实际教育工作影响最大的教研部门，其基本学科教育思想也是知识中心。还有许多名师，一辈子都是这样教过来的，多年形成的习惯思路，绝不可能很快改变，他们也确实有成绩，不可抹杀。坚持知识中心的力量，人数多，实力强。

但是随着素质教育的逐渐深入人心，谁也不得不承认知识中心的负面效应，所以他们的思想正在起变化。可以说，在舆论上，批评知识中心的势力已占上风，而在实际生活中，知识中心还顽强地固守着已有的阵地，这种情况在相当长的时间内不会有根本改变，也不必急于改变。因为经验告诉我们，变过去越快，变回来也越快。不如由少数人先研究、实验，取得扎扎实实的有说服力的成果，再向他们宣传（注意，是宣传，不是推广）。当然，体制上的改革是不能等的。体制变了，思想未变，会造成困惑、焦虑，这将是许多教育工作者面临的麻烦。

2.“焊接”

先教知识，后活动；或者先活动，后教知识。

既然知识中心和生活中心各有优缺点，那么较好的办法是把二者结合起来。但是，在理论上、概念上把任何矛盾的事物结合起来都不难，而在实践中这样做可不容易。最简单的办法就是把二者“焊接”起来。有两种“焊接法”，一种是先把知识教会，然后组织学生在活动中体验这些知识；另一种是先创造某种氛围，让学生接触一些实际问题，然后用知识体系加以解释。这两种“焊接法”总比单纯讲知识活泼一点，且比较好操作，应该说是一种进步。但这毕竟是两张皮，油水分离。

3. 将知识体系情境化

这就深入一步了。这种办法是以原有的学科知识体系为本，设计一系列的活动把知识情境化。现在许多改革者都在努力做这件事情，而且应该说是有成绩、有希望的。这要求教师不但熟悉儿童生活，深知童心、童趣、童智，还须极富创造性，善于把抽象的概念具体化，把枯燥的公式形象化，把需要认知的东西操作化。简言之，他必须是设计“高科技含量游戏”的专家。如果各学科都能改成这样，则学生的学习积极性和能力会有很大提高，同时基础知识也不会受损失。

这种办法的困难是：找到一连串能体现该学科知识体系的序列活动非常困难，把学生的认知顺序和学科本身的逻辑顺序统一起来更困难，其间可能会出现很多棘手的问题。

4. 将生活情境知识化

此法与上一种方法相反，它是以学生生活为本，把知识体系拆散，挂到学生的生活上，用学科知识解释学生生活，帮助孩子学会生存，实际就是综合活动课。就是当年叶先生所说的：“这个境遇，范围自然很广，不仅为达某一学科的目的而设。可是分析地考查他的结果，则各科的目的无不达到。”这种办法，组织活动并不难，但活动完了，“各科的目的无不达到”却实在困难。教师是多面手还好，他知道孩子掌握了各科哪些基础知识；如果教师知识面不宽或责任心不强，那学习就可能蜕化成幼儿园的游戏课，学生当然也有收获，但知识水平会下降。

这种思路，在我国，目前似乎没有人实验，因为没有这种条件。上级和家长都不愿冒这个风险。活动课虽然有，但都不是主科。那么，这种教学方法是空想吗？也不一定。当教育极其普及、教师水平普遍很高的时候，这种办法应该是可能的，特别是在小学。它的最大好处是“学者无意，教者有心”，让孩子在不知不觉中学到很多东西，到一定的时候，用学科体系稍加整理，照样可以获得系统的知识，然而这种知识可就是活的了。

5. 明暗两条线

这是一种目前可行的方案。它分两条线，一条明线，一条暗线。明线为学生活动，暗线为知识体系。学生的学习过程是由一个个主题活动组成的，其主题贴近学生生活，由易而难，一个学期 4—5 个主题。在活动过程中，必须用到学科知识，用到什么学什么。这些知识在学生的眼里是不成系统的，好像是打遭遇战，但教师心中有数，教师心中的这个“数”，就是所谓的暗线。

这种方法和上述第 3 种“将知识体系情境化”有些相似，但是不同。区别在于，“知识体系情境化”是用情境亦步亦趋地注解知识体系，而“明暗两条线”的办法则有更大的灵活性，它的基础知识的学习顺序是可以错动的，有时可能先学后边，后学前边，只是大致上有一个顺序。比如小学六年，可分两个台阶，有两级要求，1—3 年级必须掌握哪些知识，4—6 年级必须掌握哪些知识，这是统一的，便于检查，至于中间何时何处结合何种活动让学生掌握何种知识和技能，由教师酌情安排。

“明暗两条线”的办法比第 3 种“将知识体系情境化”要宽松，比第 4 种“将生活情境知识化”要严谨，是介于二者之间的将知识与生活有机结合起来的一种办法。

6. 改造现有知识体系

上述方案除第 4 种以外，都有“知识体系崇拜”的嫌疑，其共同点是对现行的学科知识体系，不敢冒犯。现行的学科知识体系真的那么完美吗？真的“万世不易”吗？对此已经有人提出质疑。他们指出，现行学科知识体系是循序渐进、一环扣一环的，学生只有学完大学课程，才能显示出中小学课程的价值，而对不能上大学的学生来说，就学了很多无法在生活中直接运用的“知识”，近乎“读书无用”。而义务教育并不是英才教育，它的目的是提高全民族的素质。这样看来，现行的各学科知识体系是否符合素质教育的要求，就成问题了。所以，改革教材的呼声又高涨起来。我赞成对教材动手术，降低难度，只学最基础最核心的知识，而腾出大量时间培养学生的良好学习心理和“元学习能力”。未来的学习将是终身的事情，想在学校里“毕其功于一役”是很不明智的。如果现有的各科知识体系能朝这个方向变化，那无疑会给知识与生活的有机结合创造更为有利的条件。

五、未来的学科教育

上面我们说了面对知识中心和生活中心之争的几种对策。仁者见仁，智者见智，不必强求一致。那么，学科教育的发展，有没有一个总的趋势呢？我觉得还是有的。不管怎样摇来摆去，总趋势恐怕还是逐渐淡化知识体系意识，加强生活意识。上海师范大学教授燕国材先生说："回顾半个世纪的中国教育，在贯彻全面发展教育思想方面，我以为是随着这么一条轨迹前进的，即由注重"双基"，发展到强调智力，再发展到重视非智力因素，最后发展到加强素质教育。"[①]知识体系的霸主地位正在动摇，大写的"人"字正在凸显。人的个性，人的生活，将成为教育者优先予以关注的东西，这是大势所趋。当然，学科教育以后还会在知识与生活之间摇摆，这很正常，教育从来都是这样摇摇摆摆往前走的，这就是所谓的"波浪式前进，螺旋式上升"。

1999 年 5 月 8 日

①燕国材．中国教育一百年 [J]. 党政论坛，1996（9）：5.

26. 课例：霜柱为什么会产生？

这是一个学科学习的课例。我没有照录原文，而是采用了摘要的办法。

学科：科学课。

参加人员：日本信州大学附小五年级学生。

活动过程：学生提出了“霜柱为什么会产生”的问题。

答案可能很简单：“因为冷，所以结霜。”教师引导学生用实验证明这个想法的粗糙。做法是把含水的泥土放入烧杯，再放进冰箱冷却。结果泥土冻结了，却没有形成霜。

下一步，教师让学生早起，观察霜柱。学生明白了：大气温度在零度以下，地面温度在零度以上，才会出现霜柱。

学生决定调查“泥土与霜柱的关系”。他们在校园里取了一些结霜的泥土（球场网隔后面的泥土）和不结霜的泥土（运动场上的泥土和田里的泥土）做研究。某小组发现，运动场上的泥土因为一直被人踩踏，变得很硬，而球场网隔后面的泥土比较软。然后他们又做实验，发现球场网隔后面的泥土比运动场上的泥土渗透性好。他们的结论是，球场网隔后面的泥土毛细管现象强于运动场上的泥土，水分容易渗到地面上来，凝结成霜。

在此基础上，教师以“泥土中的水分的渗出方法”为主题讲了一课。教师发现，到后来，学生讨论这个问题的用语已经从“水的渗出方法”变为“水向上渗出的方法”。对于霜的形成而言，后者显然更确切，更科学。

（参见《静悄悄的革命——课堂改变，学校就会改变》，第110—111页）

可以看出，它很像综合学习课，或者说，它介于学科学习与综合学习之间，学生活动更多，更具探究性，超越了书本知识，更贴近生活。开展综合学习有一个目的是挑战学科学习，促其改进。上述课例证明，综合学习确实可以起到这个作用。

在这个课上，学生的学习方式和思维方式已经与科学家的工作方式和思维方式很相似了，科学家不就是这样一步一步提出问题和研究问题的吗？这样学习，就突破了常见的“接受式”学习模式，这是非常重要的体验，这种体验能有效地预防学生变成书呆子。

当然，教师无法把学科教材中的每一个知识点都用这种办法进行教学，也用不着那样。一个学期，有几个知识点用此种方式学习就行了，问题是，此种教学方法，有与没有，效果完全不一样。

2016 年 1 月 17 日

27. 管理的强化与教学的空洞化

> ……对中学教育所暴露出来的学生的尖锐问题，早在20年前发生校内暴力事件时就开始提出了。之后，通过教师们的努力，采取了各种措施，使校内暴力事件在几年内暂时趋于平静。然而，后来的中学生状况却越来越严重，直至今日，诸如消极、麻木、厌学、欺负弱小、旷课、少年犯罪等现象还在不断增多，而对这些问题所采取的对策反使事态更趋复杂化。在这20年中，中学教师和教育行政人员是通过生活指导、课外兴趣活动指导和前途指导这三方面的“指导”来处理上述难题的。然而，越是推行这三个“指导”，本应是学校教育核心问题的“学习”和“教学”就越是空洞化。以三个“指导”为中心的学校还是学校应有的本来面貌吗？通过三个“指导”来解决问题本身是否已走到极限了呢？
>
> （《静悄悄的革命——课堂改变，学校就会改变》，第130页）

“消极、麻木、厌学、欺负弱小、旷课、少年犯罪”这类事情在我国的中学也是常见的。我们的应对之策是什么呢？强化管理，搞主题班会，建立心理辅导室，等等，这与佐藤学先生所说的日本的三个“指导”思路是一样的，即总想通过某些教学之外的教育手段来“保障”教学活动进行，打的是“外围战”。有人甚至把这些东西看成“育人”，而教学活动则是“教书”。

佐藤学先生强调另一条思路：通过教书来育人，在教书中育人。道理很简单，学校之所以为学校，主要因为这是个“读书”的地方。如果学校教育学生的主要手段在“读书”之外，那就如佐藤学先生质疑的：“还是学校应有的本来面貌吗？”

事实上把主要精力放在所谓的“教育”方面，结果难免是少、慢、差、费，甚至有可能是隔靴搔痒。比如一个成年人出现职业倦怠，要改变他的精神面貌，你在他的本行之外大搞“心灵鸡汤”，顶多有点“止疼”的作用，他也就下班之后会快乐一些，一到工作岗位，还是厌倦，而他人生的主要时间是在工作岗位上。也就是说，他生活的主体，是悲哀的。同样道理，如果一个学生对学习这件事本身没有兴趣，你不能解决他课内的心态问题，那你无论如何强化管理，无论如何“爱”他，他一到上课还是提不起精神，对他来说，生活的主体还是不快乐的。

所以佐藤学先生尖锐地指出，学校教育的“核心问题”是学习和教学。我认为这一点提醒很重要，因为事实上我国也有与日本类似的情况，学校的注意力重点并不在教学上。老师们常对我说，备课时间很少，教学研究不受重视，老师们每天主要忙的并不是“教书”，而是“管理”。教书虽然占的时间不少，但早就“常态化”了，日复一日没有多大进步，倒是在管理上，新名词不断来袭。佐藤学先生说，这样下去教学就会“空洞化”。确实如此，这是一条错误的思路，而人们很容易不知不觉就走到此路上去，还会糊里糊涂地继续前行，到最后简直就忘记学校是干什么的了，忘记教师是干什么的了。忘“本”了。

2016年1月19日

下 篇

28. 课堂教学应该什么样？

前面是《静悄悄的革命——课堂改变，学校就会改变》一书的读书笔记。源创图书的编辑在网上见到这个读书笔记，遂给我寄来了好几本佐藤学先生的书。我想，这样也好，我可以比较系统地学习佐藤学先生的教改思想。那我就继续读书，继续写笔记。

> 可以毫不夸张地说，除了包括日本在内的东亚国家和地区之外，那种以黑板和讲台为中心、众多儿童整齐划一地排坐的课堂，以学科为中心、让儿童习得教师所传递的知识、技能，然后借助考试来加以评价的教学方式已经进入历史博物馆了。参访欧美诸多国家的课堂，20 名左右的儿童分成四五人的小组围坐在一张课桌边，展开合作学习，教师以课堂学习的设计师或是儿童学习的促进者的姿态展开活动。在这些教室里，教科书是配角，儿童以有探究价值的题目和课题为中心，借助大量的资料和多彩的活动追求着高品质的学习。
>
> （《教师的挑战——宁静的课堂革命》序，第 1 页）

“教科书是配角，儿童以有探究价值的题目和课题为中心，借助大量的资料和多彩的活动追求着高品质的学习”，各门学科的学习都能变成这样吗？所有的课堂都能变成这样吗？对此，我有疑问。我想这不但很难做到，即使真能做到了也未必合适。教无定法，按佐藤学先生所说的，教学方法就单一化了。对有些科目，有些教学内容，有些学生，这么做可能反而有害。我愿意学习任何有价值的教学方法，但是不希望教学方法有标准答案。佐藤学先生把排坐式的课堂、传递知识的教学、考试，都完全否定了，我感觉这太简单化了，恐怕既不现实，也不合理。我还觉得，“教师以课堂学习的设计师或是儿童学习的促进者的姿态展开活动”也未必一定要在“20 名左右的儿童分成四五人的小组围坐在一张课桌边”的环境中才能实现。

2016 年 1 月 25 日

29. 滨野老师的公开课:《魔奇树》

这是《教师的挑战——宁静的课堂革命》序中的一个课例。把课例放在序中，非同一般，我想作者是把它作为新型课堂的一个典型例子介绍给读者的。我把此课例按照课堂实录的格式摘录在下面，只是在文字编排上有所变化，内容几乎没有什么删节。我还要介绍佐藤学先生其后对这堂课的分析评论，也来说说自己的感想。

参加人员：小学三年级学生。

课文题目：魔奇树。

课文大意：漆黑的夜晚阴森恐怖，爷爷由于肚子痛发出熊一般的哀号，叫声唤醒了豆太，这个原本连撒尿都不敢出门的豆太克服了对黑夜的恐惧，不顾外面寒冷的冰霜，出门去找医生求助。

故事梗概：

豆太和爷爷一起住在山坡上的猎人小屋里，小屋的正前方有一棵很高很壮的树，豆太叫它魔奇树。

从来没有人像豆太那样，那么胆小。他害怕那棵魔奇树，半夜如果没有爷爷陪，一个人是不敢去小便的。

爷爷说：“今天晚上，那棵魔奇树会像着了火那样亮起来。那是山里的神在办庆典，每次，只有勇敢的小孩才能看到。”

豆太当然也想看，不过，一想到是在令人发抖的夜里，就差点吓出尿来了。

半夜，爷爷肚子痛了。

豆太吓坏了，“我得赶快去叫医生！”豆太用身体把门撞开，拔腿跑了起来。

豆太边哭边跑，因为，他觉得又痛又冷又害怕。可是，这些都比不上亲爱的爷爷死掉更可怕。豆太哭啊哭的，朝医生的家跑去。

医生爷爷背起医药箱和豆太，然后，在深夜中奔向爷爷的小屋。

来到小屋前面，豆太看见了另一幅奇观——魔奇树上全都是火光！他来不及多看和多想，就赶紧帮助医生救爷爷。

第二天早上，爷爷的肚子不疼了。爷爷说："你看到了魔奇树上全都是火光，说明你已经是一个勇敢的小孩子了。可以一个人三更半夜去找医生，真不简单。以后，再也不要说自己是胆小鬼了。"

虽然如此，豆太还是在爷爷病好的那个夜里，叫着"爷爷"，要爷爷带他去小便。

（这个故事梗概是我从网上查到的。——王晓春注）

教学实录：

上课铃响之前，学生坐在U字形排列的课桌椅里，就开始各自朗读课文了。

上课铃响。

滨野老师：好，现在开始上课。请用自己的声音读出来。

（教师点了几名学生，让他们读两遍即将讨论的课文段落，并写出"自己的所思所想……画一条线也行"。

作业进展到一定程度，学生开始同旁边的伙伴交头接耳，交换见解，反反复复地"同教科书展开沉默的对话"。这个作业约十分钟。）

滨野老师：大概可以了吧。好，大家交流一下读后感。

俊树：（化名。学生的名字均为化名）课文上写着"直到半路上的村庄"，半路不至于疲劳吧。

有学生对此回应道：说是半路，也得有两公里呢。

滨野老师：有什么关联吗？

胜司：豆太穿着睡衣跑，心里非常着急。

道夫：要花多少时间才能爬过这座山哩。

和夫：为了爷爷而奔跑。

芳树：真害怕。如果爷爷死了，真是害怕极了。

滨野老师：有几处说了“害怕”？出现了两处哟！

（佐藤学先生评论道：“滨野老师这样的处理对这节课的展开至关重要。”）

仁志：（读）“不过，自己心爱的爷爷死去更是可怕。”

胜久：（接着读）“豆太的爸爸死去的时候也是这么可怕。”

俊子：是因为爷爷的死而感到害怕。而文中“又痛又冷，所以害怕极了”是说自己身体受了伤，因而又痛又怕。

于是引发了“两种害怕差别在哪里”的低声讨论。

久树：夜里不会出现什么吧？

学生回应：熊、妖怪、霜。

信夫：老师，霜是什么？

滨野老师对此作了解释。

（佐藤学先生在此处解释说：“虽然这段提问与解释中断了对话的线索，但学生们还是能够以‘霜是晚上出现的’、‘熊也是这样’、‘妖怪也是这样’等加以回应，把话题精彩地串联起来。”）

芳树：豆太喊了两声“爷爷”，不过，惊吓的意味不同。第一次是由于熊（熊一般的哀号）而害怕的，第二次是由于（爷爷的）腹痛而害怕的。

芳树发现同“害怕”一样，称呼“爷爷”也有两处。围绕两处的差异，全班同学议论纷纷。有学生提到了开头的场景也有关于“爷爷”的叙述，课文总共有三种方式叫“爷爷”。

滨野老师：“爷爷——”，“爷爷”这两种写法所表达的豆太的心情有何差异？

学生：后者的喊声意味着豆太看到爷爷的样子很是吃惊，于是大声地喊叫。

学生：爷爷或许死了，因此感到害怕。

贵夫：爷爷的肚子疼痛极了，在枕边像熊一样蜷缩成一团。

俊树：爷爷说“别担心”，让豆太镇定下来。

美玲：在“爷爷、爷爷，肚子疼痛极了”的地方，喊了“爷爷、爷爷”两声之后，真是疼痛极了。

胜久：“豆太向爷爷扑去”之处，一旦扑上去，肚子不是更痛了吗？

美佐：“哭哭啼啼”有两处，意思相似。

亚纪：头一处是说黑夜可怕，第二处是说爷爷死亡可怕因而悲泣。

大家纷纷表示同意二者“稍有差别”。

俊子：前面一处“哭哭啼啼”是因为寒霜冻伤了双脚，豆太赤脚走，因为无法忍受的疼痛而哭泣。

和歌子：后面一处“哭哭啼啼”是说想到了爷爷的病痛，越发感觉可怕而哭泣。

正人：脚趾出血了，忍耐着跑去山脚下请医生很不容易啊。

芳树：（微笑）所以，医生还给豆太治了脚呢！

滨野老师：时间到了，还有 1 分钟。

学生小声嘟囔：啊，还有话要说呢。老师，再继续下去吧。

于是限于举手的学生接着发言。

由美：豆太“像小狗一样蜷缩成一团（跑出去）”，前面有爷爷“像熊一样蜷缩成一团”，“蜷缩成一团”也有两处。

围绕这一点，全班也进行了讨论，将两个“蜷缩成一团”进行了比较。

真人：豆太夺门而出的情景——“黑夜的恐怖”。

和夫：“外面繁星皓月”，“繁星”是什么星？

俊树：是满天星斗的星啊！

正志：十五夜晚的满月的星。

道夫：十五的夜晚，那是皓月当空吧。

正志：十五的夜晚一轮明月呢。

小彻：不过，豆太并没有看见星星和月亮。

（佐藤学先生评论道：“小彻的最后的发言是非常可贵的，它为这个故事的展开提供了最后的高潮——当豆太被医生背进小屋的时候，他沉醉于魔奇树后月光与树影的辉映之中。”）

（参见《教师的挑战——宁静的课堂革命》序，第 2—4 页）

下面是佐藤学先生对滨野老师这堂课的分析评论。

三、相互倾听的关系

所谓“学习”就是同教科书（客观世界）的相遇与对话，同教室里的伙伴们的相遇与对话，同自己的相遇与对话。学习是由三种对话实践——同客观世界的对话、同伙伴的对话、同自己的对话构成的。这就是所谓的“学习的三位一体论”。它是作为一种“活动”、“合作”、“反思”所构成的“活动性、合作性、反思性实践”而实现的。

滨野老师的课堂里，合作学习、合作探究的活动是怎样展开的呢？构成这个课堂学习根基的是儿童们富于个性的、同多样化的教科书的相遇与对话，是儿童相互倾听的关系。儿童们细细地阅读教科书，通过对话同伙伴交流阅读心得的过程，也是基于教科书的话语展开思考，通过同教科书的对话发现新的阅读心得的过程。不过，为什么儿童们通过认真地阅读教科书，并同伙伴交流阅读心得就能够生动地描绘出故事世界呢？其秘密就在于滨野老师的应对。

只要观摩了滨野老师的课堂，就可以理解他对儿童的应对策略并非是高深莫测的。当每一个儿童的发言没有得到充分的体味，其他儿童未能充分分享之际，他就会细心地提示“某某同学说了……”从而引发其他儿童的注意。当中途出现“害怕”的见解时，他就用“‘害怕’出现了两次”来唤起儿童们的注意。而后，在课文中称呼“爷爷”有两处（课文中总共有三处），“哭哭啼啼”有两处，“蜷缩成一团”有两处（爷爷像熊一样，豆太像小狗一样）。是学生们发现它们、进行比较，从而发展了阅读，滨野老师不过是为这种发现和比较提供了契机而已。基于这样的应对，儿童们的阅读之所以能够精彩地链接与发展，究竟是何缘故呢？

我想，其秘密就在于支撑滨野老师应对策略的两个原理。

第一个原理是滨野老师的应对是以“倾听”为核心的。完整地接纳每一个儿童的想法，构成滨野先生的“倾听”这一行为的中心。“倾听”正是教学中教师活动的核心．“倾听”儿童的发言意味着在如下三个关系之中接纳发言。一是，认识该发言是文中的哪些话语所触发的；二是，认识该发言是其他儿童的哪些发言所触发的；三是，认识该发言同该儿童自身先前的发言有着怎样的关联。

教师一旦在这三个关系中倾听每一个儿童的发言，那么，就能以课文为媒介，把每一个发言如同织物一样编织起来。

支撑滨野先生“倾听”的第二个原理是在教学中尊重每一个儿童的尊严。反过来说，教师若只寻求“好的教学”，那么尊重每一个儿童尊严的教学就不可能形成。这是因为寻求“好的教学”的教师会陷入这样一个陷阱——关注于把“好的发言”串联起来展开教学。滨野老师的应对却是迥然不同的。他不是拘泥于“好的发言（阅读）”，而是对所有儿童的发言都寄予信赖和期待。“任何一个儿童的发言都是精彩的”——这就是支撑滨野老师“倾听”这一应对策略的根基。正因为如此，在这个教学中能够创生出新的境界：儿童们轻松自如地参与，自由地交流思考，这种自由的交流又产生出多样阅读的丰富串联。

在教学中是否能够形成合作学习，很大程度上（将近有七成）取决于能否尊重每一个儿童的尊严，而教师的经验与学习的理论、教学的技能不过占了三成的比例。在观摩了众多的公开课之后，我越来越确信这一点。诚实地面对每一个儿童，诚实地面对教材。我以为能否做到这两种诚实决定了教学的成功与否，这也正是新教师和资深教师能够实现合作学习的秘密之所在。

（《教师的挑战——宁静的课堂革命》序，第 4—5 页）

四、“串联”与“反刍”

在观摩滨野老师的公开课之际，我不由得想起 10 年前在广岛市某小学观摩《魔奇树》一课时的情景。(这个课例在前面《静悄悄的革命——课堂改变，学校就会改变》一书中谈到过，我那一则读书笔记的标题是“回应每个学生独特的‘逻辑世界’”。不过，魔奇树在那里被翻译成“冬青树”，而爷爷被翻译成了‘大叔’，这个称呼怎么会有差别？令人不解。——王晓春注）那堂课是讨论跑夜路去请医生的豆太的心情。在这个课堂里有一个名叫和树的好动男孩，他连教科书也不翻，在离开课桌不远处忙着削铅笔。这个和树拼命举手，他发言道：“豆太说‘头痛’。”周围的儿童们急忙小声提醒说：“痛的不是豆太，是爷爷。”“爷爷痛的不是头，是肚子。”然而和树仍然一味地说“豆太说‘头痛’”。精彩的是，教师不是问“为什么这样想的？”而是问“从哪里看出来的呢？”

和树没有翻开教科书，却回答说：“教科书里写着呢”，“写着‘夺门而出’”。课堂里“哎——”地大声喧哗起来。不一会儿，从教室的一个角落里发出了“厉害”的感叹声与笑声。我也为和树的阅读而感动。豆太和爷爷由于贫困，居住在小草房里。豆太清楚地了解爷爷疾病的严重性，他睡眼惺忪地“小狗般地蜷缩成一团”，“夺门而出”。所以肯定是头碰到了房门，奔跑出去了。这就是和树读出的豆太的形象。对于豆太的这个形象，和树的解读比任何人都更加现实，是细致入微地理解的结果。教师以和树的见解为契机，重新“回归”课文，围绕奔跑的豆太的形象展开了讨论。

教师对和树的提问并不是“为什么这样想的？”而是问“从哪里看出来的呢？”在这堂课中这是决定性的。正是由于教师询问“从哪里看出来的呢”，才使学生联想到课文内容，和树的阅读与其他儿童的阅读才得以产生。

在教学中教师工作的中心在于“倾听”、“串联”、“反刍”。可以说“串联”是教学的核心。教师在教学中把教材与儿童串联起来，把一个儿童同其他儿童串联起来，把一种知识同别种知识串联起来，把昨天学到的知识同今日学习的知识串联起来，把课堂里学习的知识同社会上的事件串联起来，把儿童的现在同未来串联起来，探讨课堂教学中的教师的活动，无非就在于探讨这种活动是否成为“串联”的活动。不过，当我们个别地考察教师的活动时会发现，“切断”的情况比“串联”的情况更加普遍。诸如点名提问：“某某怎样了”、“还有什么别的意见吗”。发言与发言之间的链接屡屡被切断。在教学结束之际，让儿童写“感想”、“反思”的教师也不少。如此这般，在儿童的意识中便自然而然地切断了同之后教学的关联。

“反刍”的活动更加受到轻视。在教学中教师在“然后怎么样”的意识之中，总是往“向前”、“向前”倾斜，停下步伐，“反刍”前段的活动，在全班和小组的讨论中“反刍”的活动是寥寥无几的。其结果是，多数的儿童被置之不理，只是借助一部分儿童参与来展开教学的居多。创造合作学习的教师与单向灌输教学的教师的差异就在于是否借助“反刍”保障了班级全员的学习。

创造合作探究的教师洞察“反刍”活动的意义。而且，洞察“反刍”活动的教师善于挑战高水准的学习。儿童们在课题探究中遭遇困难时，就可以“反刍”前段，重新出发，或是借助小组活动中的“反刍”，促进每一个学生的参与，这样组织多样的个体之间的相互切磋，使实现高水准的学习成为可能。

滨野老师的课堂也是教师借助“串联”与“反刍”两个策略来组织活动。在滨野老师的课堂中，每一个儿童的阅读如同织物一样编织在一起，合作探究犹如拼图玩具被逐渐地组织起来，弥合了缝隙，拼成了一个完整的画面，其秘密也在于此。在合作学习、合作探究的课堂中，侧耳“倾听”每一个儿童的声音，专注于“串联”与“反刍”的教师是存在的。

（《教师的挑战——宁静的课堂革命》序，第5—7页）

2016年2月1日

30. 我对滨野老师这堂公开课的总印象

佐藤学先生说：“在滨野老师的课堂中，每一个儿童的阅读如同织物一样编织在一起，合作探究犹如拼图玩具被逐渐地组织起来，弥合了缝隙，拼成了一个完整的画面。”

我的印象不是这样。我感觉这堂课（如某句歌词那样）有点像“一张破碎的脸”。或者换一个说法，这堂课的学生讨论像是以课文的某些段落为话茬儿的一次“群聊”。

佐藤学先生没有介绍这堂课的教学目的。我搞不清滨野老师这堂课到底要干什么，无论是短期目的（本节课的教学目的）还是长期目的（比如本学年的语文教学目的，整个小学阶段的语文教学目的），我都搞不清楚。也有这种可能，佐藤学先生和滨野老师都认为设置每节课教学目的做法已经过时。就算这样，教师上课，总要有个设想之类的东西吧？如佐藤学先生所说，教学的新理念应该是“教师以课堂学习的设计师或是儿童学习的促进者的姿态展开活动。在这些教室里，教科书是配角，儿童以有探究价值的题目和课题为中心，借助大量的资料和多彩的活动追求着高品质的学习”。可是我在这堂课上，看不出教师是“课堂学习的设计师”，因为我搞不清他“设计”了什么。照这样上课，似乎不用备课也是可以的，你就撒开了让学生说，然后顺杆爬，适当加以“串联”，别让发言飞得太远就行了。

这堂课学生都说了一些什么？其实就是在教师的提醒（起导向作用）下，在课文中找到了两个“害怕”、三个“爷爷”、两个“哭哭啼啼”、两个“蜷缩成一团”，发表了点自己感性的体会而已。学生（三年级了，应该有十来岁了吧）有思考吗？即使有，也都是很自我的、碎片化的。教师大概感觉是把学生在这堂课上的发言“织成了网”，然而在一个个学生的头脑中，有“网”吗？

没有教学目的，“以有探究价值的题目和课题为中心”来讨论，也好，可是我没看出这堂课讨论的究竟是什么“题目”，更不用说“课题”了。佐藤学先生还说这堂课属于“合作探究”，这些孩子到底“探究”了什么？

我很怀疑上完这堂课之后，学生对课文有没有一个整体的印象，有没有整体性的读后感。他们印象最深的，很可能是对自己有所触动的那个“片段”。如果是这样，那么这堂课就更像是学生几个人课下凑一块谈论一件趣闻了。这样的讨论当然也有学习的意义，但这是“课堂”吗？

2016 年 2 月 1 日

【Coolcatcafe（K12 班风小论坛）】

我最初是用手机看的这篇文章，看了一遍之后，看不懂，也不知道教学目的是什么，老师想让学生掌握什么。我当时以为是手机看得不够清楚，想第二天在电脑上再看。看完后，我还是搞不懂。我心想，可能是我孤陋寡闻，学识浅薄，所以不知所云。王老师让我们看完后发表点看法。我就想说我看不懂，又怕大家见笑。所以，我就想等王老师解释解释。我想，不管课堂搞什么活动，什么“倾听”、“串联”、“反刍”都应该围绕一个主题、一个核心去吧。这篇文章要解决什么问题，要让学生掌握什么，应该有一个预设。然后学生在达到这个目标的过程中生成什么，我们可以散一点，多一点关注、倾听，但一定要形散神不散，否则还真像王老师说的就是“群聊”。

我 6 岁的女儿上小学一年级。她学的一篇课文原文如下：

大海睡了

风儿不闹了，
浪儿不笑了，
深夜里，
大海睡觉了。
她抱着明月，
她背着星星，
那轻轻的潮声啊，
是她睡熟的鼾声。

她对我说，上课时老师问她们：“为什么这里用‘她’？”

学生们叽叽喳喳地说开了。有的说：“大海是男的。”有的说：“大海是女的。”有的说：“男女不分。”老师说：“这里用的是女字旁的‘她’。”有个学生说：“大海像妈妈。”老师说：“对了。她抱着明月，她背着星星，像妈妈。”

我不知道老师有没有跟学生讲“它、她、他”的区别，但是我至少知道老师要让学生明白为什么用“她”。我觉得这就是教学目标。我觉得老师要让学生进一步思考为什么大海像妈妈，然后学生自己在文中找出“哪两个句子”效果会更好。这比老师直接告诉他们答案更好。这种方式也是讨论，也可以算是群聊，但是它有一个主题。

31. 作者中心，文本中心，读者中心

有这样一种文学批评理论，认为西方文学批评界依次形成了“作者中心”、“文本中心”和“读者中心”三个批评范式。它们形成了前后衔接、相互否定的历史性转换过程，各自都有自己的特点，也都有各自存在的缺点。

“作者中心”批评范式从“作者”角度出发，把文本看成作者的影子，认为文学批评的目的是要挖掘作者的创作意图，其任务就是找出文本和作者之间的关系。这种范式重视作者的智慧、情感、心情对创作的影响，他所属的种族和国家，所生活的时代，出身的家庭，幼年的环境，所受的教育，等等，以此作为依据来评论文本，并由此挖掘作者的创作意图及对文本的影响。对于这种范式的缺点，有人指出：如果作家成功地表现了自己的创作意图，其文本本身就体现了创作意图，那么只关注文本就可以了；而如果作家没有通过文本实现他的创作意图，那么，再通过文本挖掘作者的创作意图就没有意义。

“文本中心”批评范式则确信文学的意义就在于文本本身，文学的意义只应该在文本中寻找，不应到作者、现实或读者身上寻找。为此，“文本中心”批评范式高扬文学本体的独立性，认为文本是一个完整的语言构造，是绝对的、无条件存在的独立实体，文本的价值就存在于自身之中，存在于它的审美特性中。因此，在对文本进行阐释和评价时，一切所谓的背景材料都是多余的。这种范式完全切断了文学与历史、现实生活，以及作者、读者之间的联系，躲进了象牙塔，传统文学所具有的社会功能、启蒙功用、教化意义都丧失了，这也就决定了它的必然衰落。

“读者中心”批评范式源自对“文本中心”批评范式的反拨，它以关注文学阅读行为和效果代替了关注文本自身，认为文本的意义就存在于文本与读者的相互作用之中。在这种范式中，一部文本只有一个客观的结构和确定意义的看法被废弃了，文本被视为一个事件，它只能在读者的阅读过程中展开自身。“读者中心”范式注意到了传统批评观中很少或是没有

关注的读者问题，这是它的一大贡献。但对读者感受的过分张扬，其弊端也就显现出来。当一个读者认定文本意义就是他所理解的意义时，实际上是把文本的意义看成了他对文本的感知。他在文本中感知到了什么，文本的意义就是什么；而对于他没有感知到的文本的意义也就是不存在的，从而文本的意义就变成了读者的任意感知。

可以看出，我们学校的阅读教学，实际上也有类似的情况。传统的语文教学，可以说是“以文本中心为主，作者中心为辅”的思路。教师讲一篇课文，关键是要讲清它的中心意思（主题思想）、写作特点，这都属于文本中心。同时也要介绍一下文本产生的时代背景和作者生平，属于作者中心。至于每个读者（学生）对文本的个性化感悟（读者中心），那是基本上被抹杀的。你对这篇文章的个人看法不重要，重要的是你必须记住教参中权威人士对文本的评价，考试考的就是这个。

如今时代变了，对文本的崇拜变成了对读者的崇拜，正如对集体的崇拜变成了对个人的崇拜，对秩序的崇拜变成了对自由的崇拜。代表性的语言就是那句“一千个读者心中有一千个哈姆雷特”。这种对一刀切、标准答案、灌输主义的反驳、逆反，本来是有积极意义的，是好事情，在某种程度上，甚至可以说是一种解放。然而这种思路一经被采纳，就迅速走向另一个极端，越来越离谱了。就是说，我不管你作者在说什么，我也不管你作者想说什么，我关心的只是我自己的感觉（哲学上称此为“感觉主义”）。我只跟着我的感觉走，管你作者往哪儿走。

可以看出，佐藤学先生所推崇的滨野老师的这堂《魔奇树》的教学方式，是很典型的感觉主义，“读者中心”思路。学生的发言说的都是自己的感觉碎片，至于这篇课文作者到底主要想告诉我们什么，学生并不关心，教师也不在意。教师倒真是“尊重”了学生，学生呢，高度的自我中心，高度的主观主义。

我想，传统语文教学那种“以文本中心为主，作者中心为辅”的思路虽然有严重的缺点，但它还算“靠谱”，而滨野老师这种语文教学方式虽然有优点，却是离谱了。“谱”是什么？“谱”就是课文。佐藤学先生可能也意识到了这种危险，所以提醒老师要“反刍”，我理解就是不断返回课文。但我看这种返回并不是返回课文的“主旨”，而是返回课文的“文字片段”，只把那些片段作为引起学生“感觉”的由头。这堂课把课文讲“碎”了，甚至可以说讲“没”了，剩下的只有满教室的“感觉”。

2016 年 2 月 3 日

32. 何为“尊重每一个儿童的尊严”？

佐藤学先生赞赏滨野老师的这堂课，很突出的一点是说滨野老师尊重了每一个儿童的尊严。究竟什么是“尊重每一个儿童的尊严”，佐藤学先生没有给出一个明确的界定。从这堂课的具体情况来看，佐藤学先生所说的尊重，好像主要指的是尊重每个学生的发言和想法。要求教师尊重每个学生，这当然是很对的，也有现实意义，因为迄今为止，仍然有不少教师对学生尊重不够，却一味片面地强调尊师。

不过佐藤学先生的有些提法值得研究。比如佐藤学先生说：“教师若只寻求‘好的教学’，那么尊重每一个儿童尊严的教学就不可能形成。这是因为寻求‘好的教学’的教师会陷入这样一个陷阱——关注于把‘好的发言’串联起来展开教学。”佐藤学先生指出的这种现象确实普遍存在，有些教师上课的提问，等于竖起一个靶子，教师的任务，就是等待那个打中十环的射手，也就是佐藤学先生说的等待“好的发言”，然后继续教学的下一个环节。至于那些不靠谱的或者不正确的不合教师心意的发言，教师客气点是“不重视”，不客气的干脆就烦了，因为这种学生的回答耽误了教学进度，要是有人听课，还给教师丢面子。佐藤学先生认为这就属于不尊重学生，我认为有道理。不过，佐藤学先生如此把“好的教学”（虽然加了引号）、好的发言和尊重学生完全对立起来，我觉得是过火了。实际上教师所追求的是“既要尊重学生，又要好的教学”。

佐藤学先生说：“任何一个儿童的发言都是精彩的。”愚以为这是一个宣传口号，是文学语言，不是科学语言。事实上无论大人还是孩子，无论凡人还是大文豪，任何一个人都不可能每次发言皆精彩。学生上课的发言，肯定有很多是不精彩的，还有些是不合适的甚至错误的。对每个学生的发言采取鼓励和欣赏的态度，这在原则上是正确的，但遇到具体情况，还是要具体分析，不可一概而论。比如，老师们都遇到过发言十分积极而离题万里的学生，他们往往侵占其他人的发言权利，这种发言，也能说“精彩”吗？教师适当减少甚至制止这种学生的发言，莫非也算是“不尊重”？我感觉佐藤学先生是把一种比较理想的学生状态看成常态了。事实上教学是有进度的，容不得教师有绝对的耐心，教师也没有办法对“每一个学生”都“尊重”到底，因为事情常常是这样，你“尊重”了一个学生，同时也就损害了其他学生，是对更多学生的不尊重。

我感觉这位滨野老师对学生的“尊重”有“放纵”的意味，好像“学生永远是对的”，这样的教育，有可能培养出十分任性的下一代。再有，我理解尊重应该是相互的，可是我在滨野老师的课上，感觉尊重是单向的，教师一味地尊重学生。按中国人的说法，这是反师道尊严反到另一个极端去了，变成“学道尊严”了。

佐藤学先生主张“诚实地面对每一个儿童”，然而若宣称“任何一个儿童的发言都是精彩的”，这应该就是一种“不诚实”，因为在真实的课堂上教书的教师不可能听到每个学生的每个发言都真心实意地想：精彩，精彩，真精彩。

2016 年 2 月 6 日

33. 何为“相互倾听”？

传统课堂的主要特点是“我说你听”（教师说，学生听），滨野老师的这课堂情况完全不同，佐藤学先生称之为“相互倾听”。我认为，批评和改变“我说你听”的教学习惯是完全有必要的，但是感觉佐藤学先生又走向另一个极端了，这个课堂变成了“你说我听”（学生说，教师听），而并非“相互倾听”。

佐藤学先生说：“滨野老师的课堂里，合作学习、合作探究的活动是怎样展开的呢？构成这个课堂学习根基的是儿童们富于个性的、同多样化的教科书的相遇与对话，是儿童相互倾听的关系。儿童们细细地阅读教科书，通过对话同伙伴交流阅读心得的过程，也是基于教科书的话语展开思考，通过同教科书的对话发现新的阅读心得的过程。”就是说，学生需要倾听作者（读书），需要倾听同学的发言（讨论），却似乎不需要倾听教师说什么。教师在“相互倾听”的活动中，似乎缺席了。教师在干什么？他在“应对”。他的所谓“应对”，有两个基本“原理”，一个是“以‘倾听’为核心”，另一个是“尊重每一个儿童的尊严”。

在佐藤学先生看来，学生上课表现消极是允许的，甚至是健康的：“……应该说，那些对枯燥无味的或者无意义的课题表现消极、毫无兴趣的学生不仅是自然的，也是健康的，对这些学生的表现，教师应视为理所当然，并首先有必要来一番认真的自我反思。而那些不论对什么课题都抱着积极的‘态度、关心、欲求’的学生在认知上是不健康的，是思维逻辑懒惰的学习者。”[①]那就是说，在课堂上学生对教师说的话不理不睬是可以的，但反过来不行，学生说的每句话，教师不但必须回应，而且要事先就断定他们的所有发言都是“精彩”的。这还是“相互”倾听吗？这分明

①佐藤学．静悄悄的革命：课堂改变，学校就会改变[M]．李季湄，译．北京：教育科学出版社，2014：18.

就是单向的“你说我听”。在这样的教学中，师生关系属于学生用嘴参与，教师主要用耳朵参与。把这种关系说成“相互倾听”，难以令人信服。

在传统教学中，教师确实说得太多了，但在滨野老师的课堂上，教师的发言权岂不是被剥夺得太厉害了吗？他怎么发挥指导者和领导者的作用呢？我们究竟承认不承认教师是课堂教学的设计者、指导者（从业务角度看）和领导者（从管理角度看），这是教师角色的基本定位问题，不可不辨。

2016 年 2 月 7 日

34. 何为“串联”？

> 可以说“串联”是教学的核心。教师在教学中把教材与儿童串联起来，把一个儿童同其他儿童串联起来，把一种知识同别种知识串联起来，把昨天学到的知识同今日学习的知识串联起来，把课堂里学习的知识同社会上的事件串联起来，把儿童的现在同未来串联起来，探讨课堂教学中教师的活动，无非就在于探讨这种活动是否成为“串联”的活动。
>
> （《教师的挑战——宁静的课堂革命》序，第6页）

佐藤学先生关于“串联”，就是这样说的。

为什么佐藤学先生给“串联”这样高的地位呢？

我想可能是这样：如果你认定课堂教学的主要形式（甚至唯一形式）是以讨论为主要活动的，而且像滨野老师这样不设讨论题目，学生任意发言，那么就必然会遇到一个问题，学生的发言可能是各说各话，东一榔头西一棒子，“一盘散沙”。若没人起整理作用，就根本不像一堂课了，所以教师必须想办法把这些发言哪怕只是外在地连接起来。再有，如果否定了教师的指导作用和领导作用，教师要干的事情也确实不多了，“串联”于是就成了教师的主要活计。

搞“串联”的教师是一个什么角色？他像一个裁缝，把一块块的布连缀成衣物之类；他像一个泥瓦匠，把砖瓦砂石黏结成建筑物；他像一个节目主持人，把一个个节目串联成一台晚会。总之就不大像教师了，这种课堂，也就很难说是课堂了。

中国有句成语——纲举目张。“纲”指的是网上的大绳，“目”指的是网眼。撒网时，举起大绳，所有的网眼自然就都张开了。教师应该是掌握大绳的人，他的主要工作，他的教学着力点，应该是设计一个或一组讨论题目（即研究课题），引导学生有目的、有方向地展开讨论。教师的主要工作不是补网和联网。没有提纲挈领的整体设计，抓不住关键，课堂讨论必然散碎，这种情况教师无论怎么费力，“串联”起来的课堂也难以成形，因为学生发言缺乏内在联系，不是一个有机的整体。我们若把滨野老师这堂课学生的发言都摆在一起，会发现那实在更像是七嘴八舌地“侃大山”。这是必然的，没有主题的讨论，你怎么能指望它有逻辑线索？

所以我认为，教师在课堂讨论方面的主要工作并不是“串联”，而首先是设计合适的讨论题目，然后指导学生加以讨论。在主持学生讨论的时候，教师的工作与其说是“串联”，不如说是“引路”。“串联”的说法，太消极了。尊重不能变成放纵。教师在起引导作用时确实有可能犯主观的错误，或者教师过于强势，压抑了某些学生的积极性和某些“离经叛道”的有益想法，这都是可能的，必须加以改进，但若以此为口实放弃教师的引导、指导作用，就是因噎废食了。

2016 年 2 月 8 日

35. 何为“反刍”？

学生的小组讨论有两种危险。一种是话茬儿接话茬儿，讨论内容信马由缰，跑偏了，甚至如断线的风筝，飞了。这种情况在平日聊天中是常态，作为课堂教学，就离谱了。还有一种危险是，讨论来讨论去，“忘本”了，与教材内容渐行渐远，甚至完全脱离了教材。作为课堂教学，这当然也是不行的。我理解佐藤学先生所说的“反刍”，就是为了防止和纠正这些弊端而设计的。讨论离题远了，教师提醒学生刚才有人说过什么，把思路拉回来，这是“反刍”；讨论内容离教材远了，教师就提醒学生看书，把思路拉回来，这也是“反刍”。所以，“反刍”这种教学方式，本质上是一种温和的控制手段。

为避免讨论失控，“反刍”是必要的，我赞成这种教学策略。但我觉得对于课堂讨论，“反刍”不是最要紧的。这属于“过程管理”，不属于“顶层设计”。问题的关键在于事先确定一个合适的讨论题目（课题），这个题目像一面旗帜，指引讨论的方向，如此离题的发言就会大量减少，教师在“反刍”这种事情上也就无须花费那么大力气了。还是那句话，纲举则目张。没有明确的讨论课题，学生发言自然会四散奔流，教师再企图控制，即使教师心中有比较明确的讨论目标，也比较困难，若教师自己心中就若明若暗，学生发言更难免失控。滨野老师的这堂课，我认为属于后一种情况。

2016 年 2 月 10 日

36. “教什么、怎么教”与“学什么、怎么学”

【夸克 7292（K12 班风小论坛）】

“教什么、怎么教”与“学什么、怎么学”

在讨论教学的时候，总有两个核心问题要讨论，即“教什么”与“怎么教”。

一般说来，人们普遍认为是“教什么”决定了“怎么教”，从哲学的角度上来说就是内容决定了形式。

由此可见，全面推广任何一种教学形式或轻易否定任何一种教学方法都是不可以的。前者表现为对杜郎口中学的“三三六”模式①的效仿与强推等，后者表现为对传统授课模式或者教师讲授法的全盘否定。

杜郎口中学的课堂模式是把任何教学内容都分为预习、展示和反馈三个环节，不管什么样的教学内容，一律按照这个形式走，这就是反过来用形式决定内容，不管什么教学内容都必须框在这个形式里面，所以是不恰当的。

除此之外，小组合作也是目前很流行的一种教学方法，也出现了滥用的情况，似乎不开展小组合作就没有体现新课程理念。如果从“教什么决定了怎么教”的角度来看，也是不恰当的。首先，合作是在学生不能独立完成的前提下才进行的，学生能够独立自主地完成就可以不开展合作；其次，小组合作中讨论的一般是某些容易出现争议的、方法不确定的、答案不唯一的开放性内容，而对于一些复述性的内容、学生可以自主完成的内

①杜郎口中学的“三三六”模式，即课堂自主学习的三特点：立体式、大容量、快节奏；自主学习三大模块：预习、展示、反馈；课堂展示的六环节：预习交流、明确目标、分组合作、展现提升、穿插巩固、达标测评。

容是不需要讨论和合作的。

新中国成立后一开始学习的是苏联的计划教学制，现在一窝蜂地学习西方的课程教学制，把西方小班化（20人以下）的教学模式，搬到自己50人的大班（我老家城区小学班级基本是70人以上），在传统的讲授式、问答式教学过程中加上自主探究、合作教学方式，或在以课堂教学为中心的教学方式上加入以活动为中心的教学环节，并冠以“探究式学习”、“参与式教学”、“合作学习”、“个性化教学”之类的术语，结果课堂往往只是表面热闹、生动，实则肤浅、松散、混乱、流于形式，甚至连起码的课堂纪律也难以维持，必然出现低质、低效。

再来谈一下教师讲授法的问题。新课改之后，讲授法被许多行内行外的人士冠以“注入式”或“填鸭式”之名，一时间讲授法好像成了过街老鼠，成了落后的压制学生个性发展的教学方法。人们往往把教师的讲授和话语霸权联系在一起。在教学中要求教师少讲或不讲，一个重要的提法就是“还学生话语权”。提出这个提法的初衷确实是好的，然而讲授就意味着话语霸权吗？“话语霸权”是一种强制认同，一种单向性的灌输。如果教师的讲授确实符合学生的认知规律，讲授的形式与内容高度统一，并为学生所接受，就不存在话语霸权的问题。当教学内容难度较大，脱离学生认知范畴，学生没有生活经验和感悟的时候，不能通过自主探究和合作学习的方式获得知识的时候，教师就可以采取讲授法。

以上阐述了“教什么”与“怎么教”。“教什么”决定了“怎么教”，打个形象的比方就是你吃西餐就要用刀叉，而你吃面条就要用筷子。

然而从学生的角度考虑，以上提法有些地方又值得商榷，那就是“学什么”与“怎么学”。

从教育的终极目标来看，“怎么学”的重要性比“学什么”更重要。因为学习的对象只是一个载体，通过学习的对象掌握思维方法才是教育的终极目标。有一个口号叫作“让学生在学会知识的同时学会学习”。对于这句话，不同的人有不同的理解。有一个特级教师在做讲座的时候就强调：“必须先学会知识，在学会知识后再谈学会学习。学会学习是建立在学会知识的基础上，知识都没有学会，何谈学会学习呢？”我的看法有点不一样：我们学习知识的目的是学会学习，既学会知识又学会学习，是最理想的情况；没有学习知识也没有学会学习是最差的情况；没有学会学习但是学会了知识对付考试也行；如果没有学会知识但是学会了学习，这种情况有没有呢？我想，是有的。在很多探究式学习中，面对没有标准答案的开放性问题时，学生可能并没有学到具体的知识，但是学会了解决问题的思路和方法，也是可以的。从前面的例子来看，吃面条必须用筷子，那是因为该活动目的是品尝面条的味道。如果把活动的目的改为对工具的使用对比研究，则吃面条用勺子也未尝不可。因为在这个活动中，面条的味道不是最重要的，同理，获得知识的方式和方法，以及在获得知识的过程中的思维方式更为重要。

综合分析后可以得出结论：从教学内容和考试的角度考虑，“教什么”比“怎么教”更重要，因为你要的是教学效果；而从教育的终极目标来看，“怎么学”比“学什么”更重要，因为你要培养的是学生的能力素养。

王老师对佐藤学教授的《静悄悄的革命——课堂改变，学校就会改变》一书中按照佐藤学教授的观点和安排，如何完成教学进度和教学任务的问题，多次提出质疑。我想有两个原因：一种可能是佐藤学教授发现了一线教师只顾教学任务和教学进度，没有关注学生的状态，才提出关注倾听、关注学生状态的建议。另一种可能是日本小学教育与我国不同，我们有严格的教学计划和教学进度，日本小学教师的授课是否是以发展学生的能力为主，没有规定教学进度？这个因为手头没有一手资料，不能确定。

王老师对滨野老师的这堂课质疑颇多，对佐藤学教授的观点也质疑颇多。我想，有没有可能是王老师认为“教什么”比“怎么教”更重要，而日本那边却认为“怎么学”比“学什么”更重要。这个认识上的分歧是否是造成对这堂课评价出现分歧的原因？目前搞课改，成功的案例主要集中在小学，代表性的有北京亦庄实验小学、重庆谢家湾小学、广东中山纪念中学三鑫双语学校“幸福教室”等，大概因为小学没有升学压力，可以“玩中学，学中玩”；而中学牵涉升学率的问题，新课改也是打打擦边球，不敢撼动分数考试这一块。中学课改宣传成功之处往往是讲升学成功，从考试角度讲成功，怎么可能有根本性的变化呢？

如果从我们的角度来衡量日本教师的课堂，肯定分歧点多多。

【王晓春读后】

“王老师对滨野老师的这堂课质疑颇多，对佐藤学教授的观点也质疑颇多。我想，有没有可能是王老师认为‘教什么’比‘怎么教’更重要，而日本那边却认为‘怎么学’比‘学什么’更重要。”夸克7292老师的这种说法，给人的感觉是强调了教与学之间的张力，也就是强调了它们之间的矛盾。我的感觉是，教与学固然有矛盾之处，但二者相统一一直是主流，以后也是如此，否则教学本身就没有存在的价值了。

夸克7292老师似乎认为佐藤学先生的教学思想更多的是从学生“怎么学”的角度出发的，而我的教学思想更多的是从“教”的角度出发的。我认为只要是在学校进行的教学，其根本出发点都不可能是学生，因为学生（义务教育阶段的学生）并非自愿来学校的，他们到学校来上什么课，学什么东西，都是事先由成年人设定的，当然这种设定是为了学生的前途，为了社会的发展，但此事的启动者和操控者只能是成年人，而不是学生。所以，无论是“教什么，怎么教”还是“学什么，怎么学”，基本上都不是由学生决定的，而是由成年人决定的。

方法是为目标服务的，而不是相反。教学方法是为教学目标服务的。比如语文课，无论怎么教，你最后都要达到提高学生语言素养的目的（此处我们抛开应试教育不提，先假定大家都是素质教育的实行者）。如果不是发空论而是具体分析，我认为佐藤学先生所赞赏的滨野老师的这堂课（《魔奇树》）在提高学生实际的语言能力方面的效果和业余闲聊差不多。所以，分歧不在于“教什么”和“怎么学”，而在于怎样才能达到教学目的。我坚持认为教无定法，而佐藤学先生似乎把他所谓的合作教学的模式固化了，而且认为它适用于全人类，其他方法都该“进入历史博物馆”。这种方法有优点，不等于它是万能的，更不等于它在任何情况下都是最好的。我觉得佐藤学先生的这种思路有“教学方法决定论”的倾向，他太迷恋西方当前流行的教学模式了。

“从教育的终极目标来看，‘怎么学’的重要性比‘学什么’更重要。因为学习对象只是一个载体，学习对象掌握思维方法才是教育的终极目标。”夸克7292老师的这些话，问题就更大了。夸克7292老师把教育的“终极目标”说得太狭窄了。教育的终极目标绝不只是“思维方法”，而应该是学生德智体诸方面的全面发展。很显然，对于德育，对于体育，说“‘怎么学’比‘学什么’重要”很不符合实际，这显而易见，我就不多解释了。我们说智育。智育的“终极目标”也不是简单的思维方式问题，我想应该是分析问题和解决问题的能力，思维方式只是这个能力的一个重要组成部分而已。能力不等于知识，但能力包含知识在内，缺乏知识是没有办法形成能力的。哲学家应该算是思维方式很好的了，但你若拉一位哲学家去造原子弹，或者让他去设计超级计算机，或者让他去开淘宝店，他的思维方式未必就能发挥作用，因为他缺乏有关方面的知识和经验。这就告诉我们，没有抽象的能力，只有结合具体职业、具体事情的能力。思维方式也不是抽象的，事实上学生的思维方式都是在学习某种知识、进行某种活动中形成的，你很难在学习这个学科的过程中形成那个学科的思维方式。能力确实是可以迁移的，但不是那么容易，对个人来说，学以致用才是最经济、有效的。所以，把学习内容仅仅看成一个“载体”是不妥当的，各个学科不但是一个个载体，而且是一个个“体验基地”、一个个“领域”，学生通过学习不但训练了思维，而且受到了某种“专业熏陶”，熏陶和不熏陶是完全不一样的。可见，“学什么”的重要性绝不亚于“怎么学”。

人们之所以有时候会感觉“学什么”不重要，往往是因为它已经不成问题，已经成了“习惯性预设”，因此把它忽略了。停电的时候人们才会发觉电的重要性，平时人们会以为最重要的是如何使用电力。同样道理，若学校突然取消了各个学科，取消了教材，告诉教师，你想讲什么就讲什么，只要能提高学生的思维能力就行，那会出现什么局面？学校作为教育单位，搞清“教什么”是前提，至于“怎么教”、怎么说也是派生的。

感觉夸克7292老师也有“教学方法决定论”的倾向。

2016年2月12日

37. “大胆地说，用心地听”，不应成为评价课堂的唯一标准

【夸克 7292（K12 班风小论坛）】

我们再来探讨一下滨野老师的课。

每一堂课都会有缺点。王老师始终对滨野老师的课持质疑态度，认为学生讨论和业余闲聊差不多。我看到几个我们国内教师的课堂片段，一对比就可以发现问题。滨野老师的课堂，学生至少是课堂的主人，可以随意发言，每一个学生都可以发表自己的想法，其余的同学也在认真倾听他人的说法，并且表达自己的感受。我想这就是佐藤学教授所推崇的。这堂课不在乎教学任务完成了没有，教学目的达到了没有（可能日本也不提这个），只要学生能够大胆地说，用心地听，这堂课就是成功的（我们看日本的历史考试题也是这个思路，不要求学生死记硬背知识点，而要求学生会通过分析、推理得出判断）。教师的任务是在适当“串联”的基础上引导学生倾听和表达，学生在课堂中不需要看老师的脸色，不需要思考标准答案是什么。反观我看到的几个国内的课堂片段，学生要么按老师的格式说、按老师的要求读，要么害怕“逼供”，或害怕令老师不满意而不敢说，这样即使教师的教学任务圆满完成，学生失去的远比获得的多。

中国学生是“学什么”都学会了，学不会也会死记硬背，至于“怎么学”的，学生根本不知道，也不能在“怎么学”的过程中受益。日本的学生是“学什么”可能学会也可能没有学会，但是在“怎么学”的过程中受益很大，在学习过程中可以大胆表达，用心倾听。

我认为：在“怎么学”的过程中学生如果有很大的收获，远远比“学什么”中学到了什么知识更重要。

【王晓春读后】

夸克7292老师说："这堂课不在乎教学任务完成了没有，教学目的达到了没有（可能日本也不提这个），只要学生能够大胆地说，用心地听，这堂课就是成功的。"

在课堂上，鼓励学生（有目标地）大胆地说，用心地听（佐藤学先生说的听，恐怕主要指学生听学生说，而不是学生听老师说）当然很重要，目前我们很多课堂确实很缺乏这种氛围。但是，在鼓励这种课堂讨论氛围的时候，不能走向另一个极端——放纵。要论"大胆地说，用心地听"，学生的课余聊天可能比上课更合格，那真是想说什么就说什么，然而那不是课堂。课堂之所以称之为课堂，基本条件就是它有教学目的和教学安排。"大胆"也好，"倾听"也好，都只能为教学目标服务，这个目标不光是终极目标，也包括某学年、某学期甚至某节课的具体目标。

"只要学生能够大胆地说，用心地听，这堂课就是成功的。"如此评价一堂课，就离谱了。这种思路发展到极端，就是否定了学校教育本身，干脆取消学校算了（国际上确实有这种观点），因为没有了学校限制，学生想说什么就可以更大胆地说了。

其实，大胆地说，用心地听，这种表现本身很难说是优点还是缺点，要看你用在什么地方，干什么事情。佐藤学先生自己也说过，如果教学课题设计不好，学生不听是正常的，上课消极也是正常的。同样道理，如果某人发言一点都不靠谱，其他学生听得不热心，又有什么不对？教师讲得精彩，全班鸦雀无声，没有人"大胆地发言"，这一定是坏事吗？

我想，夸克7292老师不但是把某种教学方式、某种教学氛围当成了教学的极致和标准答案，甚至把学生在课堂上的某种表现（大胆地说，用心地听）也当成标准答案了。按这种标准，课堂就只能是"响声一片"了。教学方法又单一化了，实际上这是另一种僵化。

滨野老师所在的学校，能够允许滨野老师每堂课或者大多数课都这样上吗？我觉得这种可能性很小。偶尔几节课放羊是可以的，偶尔放慢速度也是可以的，全这样上如何完成教学任务？夸克7292老师可能会说，教学任务无所谓，只要学生能“大胆地说，用心地听”就行了，只要他们的思维能力提高了就行了。这话恐怕就只能当玩笑听了，哪个国家的教育机构也不会认同这样的教学评价标准，也许幼儿园可以。只要学校存在一天，就会有教育目标和教学任务，这是没有办法的事情。人们要小心，不要在泼洗澡水的时候，把澡盆里的小孩子也泼出去。

下一则我们再讨论课堂的“主人”和课堂上的“言论自由”问题。

2016年2月13日

38. 课堂的“言论自由”与课堂的“主人”

夸克7292老师说：“滨野老师的课堂，学生至少是课堂的主人，可以随意发言，每一个学生都可以发表自己的想法，其余的同学也在认真倾听他人的说法，并且表达自己的感受。我想这就是佐藤学教授所推崇的。”

在佐藤学先生所介绍的课例中，很少有纪律问题，好像也不谈管理，似乎这些问题都不存在。当然，公开课有一大堆听课者，班额又小，听课者比学生还多，这种情况学生自然会比较老实。然而我们这里真实的情况不是这样的，尤其是非重点学校的普通中小学，上课往往有很多纪律问题，而不少学生违反纪律的行为是以合法“发言”的形式出现的。如此环境，提倡“随意发言”，难免助长混乱。我想这可能是很多教师抵制教改的原因之一。专家们发完高论可以一走了之，老师们却要每天面对好几十个“小猴子”。我们这里班额通常是40多人，60多人的课堂也不鲜见。“随意发言”那不乱成一锅粥了！即使是中规中矩的学生发言，我看也不能“随意”。人这么多，总有个先来后到吧，总有个机会均等吧。每个人都随意表达自己的感受，听起来很动人。然而事实是，一个人的感受可能是另一个人不爱听的，各种感受可能是相互冲突的，这时候如果没有教师在其中起引导和领导的作用，乱哄哄地，学生未必有多少真实的收获。

还有就是“主人”。这种提法我觉得很模糊。“主人”一词，一般是相对于“客人”、“仆人”，或者相对于财物的非所有者而言的。学生是课堂的主人了，教师是什么？客人？仆人？说不通。所以我想，最好不要用“主人”这类模糊的词语，而老老实实地确定教师与学生各自的定位与责任义务，不然越说越不明白。给人的感觉，似乎学生在课堂上想说什么就说什么，就是“主人”了，我的嘴巴我做主，你不听就是不尊重我。那么请问：还有没有“规矩”这么一说？谁来尊重规矩、规章？在课堂上还有没有“法制意识”这么一说？课堂若是一艘船，还需要不需要掌舵的？这些问题是躲不开的，你不说它，它也是客观存在的。

滨野老师这堂课（佐藤学先生推介的其他课例并不都是滨野老师这堂课的样子，我们后面还要介绍），从更深的文化层面来分析，明显是受到了西方版的个人主义、自由主义、民主等所谓“普世价值”的影响，而且推向极端了。这其中确实有值得借鉴的地方，但是绝不可以作为标准答案来学习和模仿。

2016 年 2 月 13 日

39. 夸克 7292 老师提供的几个中国案例

夸克 7292 老师提供了几个很好的案例，我来说点感想。

【夸克 7292（K12 班风小论坛）】

王老师对滨野老师的课堂质疑颇多，我先转发我找到的五个教学案例，然后请大家对比一下，就会发现问题所在。

案例 1：请按老师给你的句式说①

这是一节小学二年级语文课《美丽的丹顶鹤》。教师在引导学生感悟课文内容之后，为了回归“第二整体”，让学生产生从感性到理性的飞跃，说道：“同学们，你们想对丹顶鹤说些什么？”随即又出示了一个补充句子：“丹顶鹤，你真________!”这时，课堂上小手如林，有的说：“丹顶鹤，你真美丽！”有的说：“丹顶鹤，你真高雅！”……突然，一个小男孩站起来：“老师，我……我觉得丹……”还没等这个小男孩说完，教师就立即示意：“嗯，想好了，请按老师给你的句式说。”小男孩究竟想说什么，也就无从知道了。

【王晓春读后】

这位老师起码应该让孩子把话说完，而且应该认真听，这样打断不合适。对于学生的发言，教师最好不要限定句式。这位老师“管”得太多了，太细了。

案例 2：大家学她读一读②

这是一节小学一年级语文课。教师初步引导学生感知了一段散文诗

①②吴冬梅．你的课堂存在霸权现象吗？[J]．人民教育，2004（Z1）：47.

《家》后，说："小朋友们，下面老师给大家范读一下这首诗，怎么样？""好！"学生齐声欢呼。这位女教师拉长音调，提高音量，十分温柔而抒情地读着："蓝天——是白云的家，树林——是小鸟的家……"就这样，学生着迷了。教师刚一读完就问："谁愿意学着老师的样儿读一读？"小手立即举起。一个小女孩被点中了，她也如此这般忘情地读着。"她读得怎样？""很好！""表扬她！""棒，棒，你真棒！"随后，教师说："大家学她读一读，愿意吗？""愿意！"于是，小男孩、小女孩都在教师一声令下之后，坐得端端正正，十分熟练地拿起课本，大声朗读起来。声音挺高，气势也挺大，教师脸上不由得露出愉悦的神情。

【王晓春读后】

这位老师是把自己的朗读当成样板了，不好。学生是否模仿老师，应该让他自己选择，而不应该限制，只要他的朗读并无不规范之处就行了，不要统一个人风格。教师的教学，是要促进每个学生的个性化发展，而不是复制教师本人。这位老师太"自我"了。

案例3：他为什么不敢说①

这是一节小学五年级语文课《三借芭蕉扇》。教师在学生初步感知课文内容的基础上随即提出一个问题："读了这篇课文后，你们知道孙悟空是一个什么样的人？"问题一出，举手的同学寥寥无几。片刻，教师赶紧补充一句："前后四人小组可以讨论一下这个问题。"叽叽喳喳，教室里顿时"活"起来，接着是小组长分别站起来汇报讨论情况。有的说："孙悟空是一个不怕困难的人。"有的说："孙悟空本领大，敢于斗争。"……教师满意地点点头，开始下一个环节的教学。刚下课，无意中听见两位学生在悄悄议论："其实，我倒觉得孙悟空有些六亲不认，铁扇公主是他'嫂子'，他一次未借成，怎能就钻到嫂子肚里大闹呢？""那你课上为什么不

①吴冬梅.你的课堂存在霸权现象吗？[J].人民教育，2004（Z1）：48.

说？”“怕说错，我不敢。”这个学生眨眨眼，跑了。

【王晓春读后】

能不能容忍不合教师心意的意见，是判断一个教师教学思想是否先进的重要标志。这个学生不敢发言，说明这个老师平日教学不够民主，如果她一贯愿意倾听不同意见，这个男孩肯定就敢说话了。

案例 4：只能自己说[①]

一位教师在执教《钓鱼的启示》中这段课文后，有一组对话。“父亲划着了一根火柴，看了看手表，这时晚上 10 点，距离开放捕捞鲈鱼的时间还有两个小时，父亲盯着鲈鱼看了好一会儿，然后把目光转向了我：‘孩子，你得把它放回湖里去。’”

师：请大家好好读读父亲说的话，看看你能从中体会到什么？（一个学生举手，师让其回答）

生：我想问个问题，父亲明明知道离钓鲈鱼还有两个小时，为什么开始要同意“我”钓鱼呢？

师：（露出失望的神情）你听清老师刚才的要求了吗？坐下！（生不好意思地坐下，整节课再也没有发言）

生：我觉得“爸爸”对“我”的要求很严格。

师：（表情严肃地追问）仅仅是要求严格吗？

（生语塞，其他同学没人举手）

师：“我”在没有人看见，没有人知道的情况下钓到了从未见过的大鲈鱼，父亲却坚决要求放掉，表现了他自觉遵守社会公德、社会规定的高尚人格……

课后这位老师抱怨说：“我给了学生说的机会，但他们就是不会说，说不到点子上，有什么办法呢？只能我自己说。”

①陈少海．谈“对话”的有效性 [J]. 小学语文教学，2004（2）：19-20.

【王晓春读后】

这位老师的表现很典型，就是想竖起一个靶子，寻找能打中十环的学生射手。如果没有，就很失望，不得已，只好自己上阵。这种老师没有本领从学生当前的认识出发，引导他们进行更深的思考。他们的提问实际都是一个个小型的考试，都有标准答案，这种人其实算不上教育者，他们只是考官。这种教学方法确实对学生的创造性有很大的杀伤力，可惜，这类教师还有很多。在这个意义上，佐藤学先生提倡的“大胆地说，认真地倾听”是很有必要的，切中时弊。

再有就是学生发言“出圈”问题。处理“出圈”的发言，最见教师的功力。其实“出圈”未必就有创造性，但创造性一般都表现为出圈（突破思维定势）。传统教学禁止“出圈”，固然维护了“安定”，却压抑了创造性。为了克服这种弊端，有些改革者索性就主张把“圈”拆毁，学生爱说什么就说什么，一律支持。用这种办法冲击传统教育，确有革命性，但一种倾向掩盖着另一种倾向，走极端者就可能导致“教学无政府主义”，我觉得滨野老师的课就有这个问题。对于“出圈”，我主张具体分析，该支持的支持，该宽容的宽容，该沉默的沉默，该制止的制止。但这种应对方法对教师的素质要求较高。一味支持好办，放羊就是了，然而这其实是不动脑筋的懒办法，是新的一刀切。

案例5：逼供式提问①

一位教师在执教《荷花》一课时有以下的一段对话（指名读第二自然段后）

师：同学们，你们觉得文中荷花怎么样？

生：（面无表情）荷花很美。

师：你说得很对，还有谁来说呢？

①陈少海．谈“对话”的有效性[J]．小学语文教学，2004（2）：19.

生：（声音很低）我觉得露出嫩黄色的小莲蓬这种形状的荷花很漂亮。

师：除了“美”和“漂亮”之外，你们就没有别的感受了吗？

生：……

【王晓春读后】

我觉得这是问题本身提得不好，不符合儿童心理，学生答题如猜谜语。这不属于“逼供”。我发现电视台的记者们常提这类傻问题，使被采访者难以回答。

【夸克 7292（K12 班风小论坛）】

我再转发一个国内课堂教学片段，请大家结合前面我转发的五个案例，对比后思考一下，我们强调“学什么”的思路比人家强调“怎么学”的思路是不是要落后很多？

案例 6：《狐假虎威》教学的启示[①]

学完《狐假虎威》课文，教师让学生说说认识到了什么道理。教师的话音一落，几十只小手举起来。

学生甲：“不要仗势欺人。”

老师：“他回答得对不对？”

众学生：“对！”

这时，学生乙大声说：“老师，我不同意他的看法！”

老师：“那说说你的看法。”

学生乙：“仗势欺人，是仗着势力欺负别人的意思。狐狸借老虎的威风，不是仗着老虎的势力；它是欺骗别人，不是欺负别人。所以，不能说狐狸是仗势欺人。”

老师高兴地问：“他的认识对吗？”

众学生：“对！”

①胡明根．影响教师的 100 个经典教育案例 [M]. 北京：中国传媒大学出版社，2004：42.

老师带头鼓掌，并示意让学生乙坐下，可他不坐，说“老师，我还有……”

老师：“你还有？那你接着说。”

学生乙：“这篇寓言还告诉人们，狐狸虽然狡猾但非常聪明，也值得学习……”

老师没有想到这一点，问：“狐狸也值得学习吗？”

学生乙：“狐狸让老虎逮住了，可它一点儿也不慌张，还骗了老虎，说明它很聪明，保护了自己，所以，也值得我们学习。”

老师感到意外地说：“可你想想，这篇寓言主要告诉人们的道理是什么？”

学生乙：“我……我认为这两个都有。”

老师：“可多数人会怎样认为？”

学生乙有些犹豫，但还是说：“反正……反正我这么认为……”

学生乙无话了，自己坐下……

【王晓春读后】

这位老师做得基本不错，但总结得不好。他最好说：“这位同学的意见可供大家参考。”别总想“统一思想”。

最后，我总结一下。我说过，教学，既不能任教师的性，也不能任学生的性。夸克7292老师所举的上述案例都属于一个极端：教师任性。这种偏向应该纠正。佐藤学先生所举的滨野老师的课例（《魔奇树》）则属于另一个极端，任学生的性。后一种情况在我国可能比较少见，但我们应该提前预防，以免教改来回“翻烙饼”。我认为正确的教学方法应该在这两个极端之间，但并无固定模式，需要教师根据具体情况灵活处理，而前提是教师要有较高的自身素质。教学方法没有教师素质重要。既然教无定法，灵活掌握就看教师的本事了。

2016年2月14日

【夸克7292（K12班风小论坛）】

王老师的大部分观点我赞同。有两个地方值得再商榷。

（1）在现阶段，恐怕我国课堂内教师任性的现象还是占绝大多数，所以，滨野老师的课堂对我国小学课堂其实有启发、借鉴的作用。

我是教中学的，我感觉中学生的很多问题其实根源在小学。现在的小学把教学任务、教学进度看得太重，小学一年级就开始用考试比较分数，以各种奖惩方式鼓励小孩拿高分，对鼓励小孩大胆表达、用心倾听这一块从来就没有注意过，也没有哪个老师注意指导家长关注小孩的思维方式。我国小学最大的问题就是唯知识论，经过小学老师六年勤勤恳恳地抓分数，到了中学基本上很多孩子已经养成思维定势和习惯，例如上课不发言，一根筋地学，中学老师想做一点改变都很困难。如果小学低段老师都像滨野老师这样“走极端”，让孩子大胆表达、用心倾听，而且感受到课堂的安全感与快乐，我想，学生即使很多知识点没有掌握也没有关系。据一些教育者考证，当前的小学6年教材，其实在高年级一年时间就可以学完，很多可能成为社会精英的学生在小学低年级阶段就被折腾成“问题学生”了。我想，如果小学低段大部分课堂和滨野老师的课堂一样，其实对学生将来的高段学习是有利的。当然，我国小学班级动辄50多人、70多人的班级是常态，肯定是采用不了滨野老师的这种课堂模式，然而，学习一下其中的精神是可以的。

（2）王老师说：“既然教无定法，灵活掌握就看教师的本事了。”这可能就会走上虚无主义：大家各搞各的，随便用什么方法，反正一千个读者中有一千个哈姆雷特。其实“教无定法”后面还有一句“贵在得法”。我之所以提出“教什么怎么教与学什么怎么学”就是想揭示一些规律，教无定法但是你要全面研究，科学论证做到教育教学过程最优化。以物理为例，物理实验就分为操作性实验、测量性实验和探究性实验，不同的实验内容所采用的教学思路是不同的，探究性实验的实验过程结论和操作性实验的实验过程结论就不一样。这些是需要备课组讨论的，这就体现了“教什么”比“怎么教”更重要。然而，同样的实验，以探究性实验为例，不同班级的探究方式可以不一样，可以根据学生的基础、水平和能力定位为全开放探究、半开放探究和小专题探究等，这就体现了“怎么学”比“学什么”更重要。这是需要事先研究的，这个研究是建立在教师的感觉和经验之上的，但是有一定的规律可循。

所以虽然“教无定法”，但要注意“贵在得法”，而“得法”是可以建立在一定规律上的，灵活掌握也是建立在一定的框架之内的。

我个人觉得：评价一堂课要建立在课堂背景和教学目的之上。滨野老师的教学目的可能就是培养学生听说的能力。如果我们在以知识论为教学目的的基础上评价滨野老师的课，是否对滨野老师不公平？

新课标的三维目标讲知识和技能，过程和方法，情感、态度、价值观。滨野老师这堂课，知识确实没到位，然而学生会听、会说，这属于“技能到位”；在整个过程中学生能说、敢说，会从文中找出实例来论证，这属于“方法到位”；学生在说的过程中没有考虑看老师的脸色，没有迷信权威，说出了自己的真实感受，在说的过程中相互尊重，这属于“情感、态度、价值观”。在小学低段，这堂课应该属于新课标课改中的好课。

如果中学的课也这样上，那肯定是不行的。首先，知识没有到位，学生全部在闲扯；其次，学生发言和听的习惯不是中学课堂最主要的任务，学生讨论占用课堂时间太久；再次，教师主导地位没有体现，指导性太弱。

以上是个人看法，敬请指导。

40. 如果让我教《魔奇树》

关于滨野老师的公开课《魔奇树》，我们已经讨论一阵子了。我不大赞成滨野老师的上课方法，多有微词。然而我们不能总是以评课者的姿态发言，我也是教师，而且是语文教师，人家会说：您别光说不练，别站着说话不腰疼，您上一个给我们看看？您的讲课方式能与滨野老师不同，而又避免“教师任性”的毛病吗？这是一种挑战。我的习惯是，不等别人来挑战，自己先挑战自己，因为我们要探究，不要论战。

我也把学生假定为小学三年级，而且是普通学校，非重点。课文故事梗概见本书第 86—87 页。

使用的不是滨野老师的学生用的课文，原文我查不到。这给我们的教学设计带来一些困难，因为很多重点词语看不出来。这里只好就现有条件来进行教学设计。

我设计了两个教学方案。

第一个方案是改变人称复述。

在学生充分阅读课文的基础上，让他们尝试改变人称，用豆太的语气复述这个故事。具体做法是让学生自己先嘟囔一遍，然后在小组里交流，互相启发和订正，最后各组选出代表在全班复述，也可以用抽签的办法决定谁在全班发言。教师适当点评。有的学生复述的时候可能会出错，教师可以自己或让其他学生加以纠正；有的学生在复述时会对课文内容有发挥，对此教师要格外注意，因为其中可能有创新思维的苗头。

这个练习，可以培养学生的语言能力和思维能力，因为改变人称复述需要对课文进行大量调整，头脑必须清楚，弄不好就会跑回原来的第三人称去。这个练习同时也是德育，学生以豆太的身份讲述故事，他的“三观”（人生观、世界观、价值观），他对爷爷的感情，会表现得更加清楚。

如果班级学生的素质比较高，也可以让学生以爷爷的身份复述课文。

第二个方案是讨论。

题目：豆太到底是胆大，还是胆小？请说明理由。

豆太既胆大又胆小，正是这篇课文吸引人的一个“扣”，一个矛盾焦点。讨论这个问题，课文的写作特点和思想内容都可以带动起来。教师在讨论中就可以随机引导学生。注意不必“统一”学生的意见，但教师可以平和地表达自己的倾向性（此之谓“引导”）。

如果学生素质水平很高，或者在中学讲此文，可以讨论下面这个题目：把本文中有关魔奇树的部分全部删去，只保留豆太和爷爷的故事，行不行？这个题目就涉及作品的艺术手法问题了。

这两个方案，教师可以依据班级具体情况来选择。

我的初衷是用这种讲课方式可以同时避免两个极端——既不要绝对地以教师为中心，也不要绝对地以学生为中心，使教师兼有设计者、引导者、参与者的身份，是倾听者也是发言者。至于能否达到目的，就请网友们来评价了。

2016 年 2 月 15 日

41. 藤田老师的公开课：《土笛》

这也是佐藤学先生推介的一个课例。我还是按照课堂实录的格式摘录在下面，看起来方便。

参加人员：小学二年级学生。

课文题目：土笛。

故事梗概：战争期间，南、北两国军队怀念各自故乡放牧牛羊的牧笛声，因而制作了土笛，在各自的战壕里吹响，形成了美妙的交响乐。（佐藤学先生没有详细说明是哪两国，也没说明战争的时间、地点，网上也查不到，因而无法判断战争的性质。——王晓春注）

教学实录：

学生上课呈方形围坐，听课教师在学生身后。

上课铃响之前，学生已经入座，而且翻开书读课文。（不知道这是不是日本的教学常态。——王晓春注）

上课后，学生朗读课文，教师要求学生轻声、按自己的步调来读。学生各自读三遍，然后全体读一遍。此处，佐藤学先生评论道："听到儿童们各自朗读的声音，看到他们等待同学读完的情景就可以明白，这个课堂的儿童们已经构筑了相互倾听的关系。"

最后一个学生读毕，教师宣布讨论课题：为什么两个人都忘记躲藏了呢？试想象一下当时两人的心境。（这个问题是学生在上一节课提出的）

教师把这个问题写到黑板上。

学生们朗读课文。有人在纸上写出自己的想法，有人自言自语，有人轻声交谈。

然后是讨论发言。

守男：尽管听见了笛声，战争嘛，毕竟是你死我活的杀戮。

良子：我想，听到了笛声不就成为朋友了吗？

和代：像是在“捉迷藏”呢。

智子：他们想重归于好。

健一：不过，子弹飞过来了。

登子：所以要对话，他们想亲近呢。

小胜：土笛为什么会发出如此悠扬的声音呢？

（佐藤学先生在此处指出：“藤田老师肯定了这一点，用课文中的话语来确认土笛让人回想起故乡的笛声。”但我没明白藤田老师肯定的是什么，也不确定小胜同学问的到底是什么。——王晓春注）

真知子：故乡的回忆渐渐淡去，不再敌对有多好。

留美：虽然他们想重修关系，但一露面就会遭到袭击。

新一：不过，毕竟会想起那美妙动听的声音。

教师：后来两个人怎么样了？

直人：两个人都关心着对方。

美纪子：听到那么悠扬的声音，两个人不再敌对了。

真理：真想沉浸在笛声的世界里。

美智子：“笛的世界”就是有很多笛子的世界吧？

真知子：在一家店里有土笛声。（佐藤学先生在此处指出：这个发言属于“无的放矢的说法”。）

下课了。学生都举起手，要求“下节课再继续讨论”。

佐藤学先生说，藤田老师在教案中有这样的话：“希望在这节课上把学生们的话语串联起来。”

佐藤学先生对这节课的评价是：“交响的课堂”，“藤田老师在与每一个儿童的交响中促进着他们的成长。”

（参见《教师的挑战——宁静的课堂革命》，第24—26页）

2016年2月19日

42. 我对《土笛》一课的看法

我说说对这堂课的看法。先看看网友地梨老师的意见。

【地梨（K12 班风小论坛）】

（1）藤田老师在教案中有这样的话："希望在这节课上把学生们的话语串联起来。"——估计这是藤田老师为本堂课（本学段）设计的教学目标之一吧。这样的目标在中国老师看来是很"奇葩"的。按我们传统的路子，我讲你听，我问你答，几乎什么都是按部就班地进行，老师确实对学生重视（尊重）不够，但堂而皇之的目标却不会太离谱（有教参）。在佐藤学先生看来，藤田老师的这个目标达到了，他甚至用"交响的课堂"来赞美这堂课。令人高兴的是，由于近年来的新课改，除了少数固执的老教师，我觉得身边绝大部分老师都能够非常轻松地完成藤田老师的这个目标。设计一两个"把学生们的话语串联起来"的问题，在我们老师看来应该是信手拈来的。更何况，我们的课文后面往往会给不爱动脑筋的老师准备好这样的问题。可是，这样的目标还用语文老师认真备课吗？无怪乎有人觉得是个老师就教得了语文。

（2）藤田老师宣布了本堂课讨论的问题："为什么两个人都忘记躲藏了呢？试想象一下当时两人的心境。"然后，藤田老师把这个问题写到黑板上，这样便于学生讨论不会迷失方向，对于完成"把学生们的话语串联起来"这一目标能起到很好的作用。问题是学生在上一节课提出的，估计是通过"民主"的方式得到的、比较受关注的问题。我国新课改后的教材中也常出现让学生针对课文内容提出感兴趣的问题，然后在课堂上进行讨论的设计内容。这确实是一种进步。但从实践的角度看，从提高学生语文能力的角度看，仍属于"内容为王"的层次。"为什么两个人都忘记躲藏了呢？试想象一下当时两人的心境"——这样的问题与提高日本小学二年级学生语文的哪种具体能力挂钩呢？不知道藤田老师怎么解答我这个问题。

日本的语文教学大纲（或课程标准）是怎样的呢？我真的是一无所知。

2016 年 2 月 20 日

【王晓春读后】

这堂课的讨论，藤田老师提出了一个问题（课题）：“为什么两个人都忘记躲藏了呢？试想象一下当时两人的心境。”这个问题是学生在上一节课提出的。我觉得，和滨野老师的《魔奇树》相比，这是一个优点。有课题讨论就有方向有范围了，所以这堂课的讨论发言，就不像滨野老师的课碎片化那样严重。课题由学生提出还是教师提出，我觉得不是最要紧的，当然由学生提出更好一些。

但是这堂课的教学目的到底是什么，我还是搞不清。在我看来，语文课毕竟不是公民课、品德课、修身课，语文课总要有语文学科特有的教学目标。如地梨老师所说，这节课只是讨论课文内容，看不出语文基础能力和基础知识的教学目标。或许本课在语文方面只是重点培养学生的倾听和口头表达能力？这倒也说得通，但若每篇课文都培养这方面的能力，那么语文课的教学目标也未免太狭窄了，语文能力和语文基础知识内容是很广泛的。我看到的《魔奇树》和《土笛》都是这个教法，不知这两位日本老师其他课文怎么教。

即使单从培养学生倾听和口头表达能力这个角度看，我觉得教师在讨论中仅仅起“串联”作用也是不够的。倾听也好，口头表达也好，都不能排除“训练”的性质，既有训练，就要指导，教师对于学生的发言，可能也需要有具体的指点，不能一“尊重”就“倾听”了之，否则就如地梨老师所说，是个老师就教得了语文了，主持会场不就行了吗？

最有趣的是关于“尊重每一个儿童的尊严”的问题。佐藤学先生把这一点提得很高。我原则上赞成这种说法，但是我主张对什么是“尊重”要具体分析，不能把尊重理解为“学生说什么都是精彩的”。在这堂课中，那个叫真知子的学生发言道：“在一家店里有土笛声。”这显然离题了，连佐藤学先生也不得不说，这个发言属于“无的放矢的说法”。藤田老师当时是什么反应，佐藤学先生没提，可能藤田老师把话岔开了，或者没有理会。请问，这是不是不“尊重每一个儿童的尊严”？这个发言也是“精彩”的吗？事实上这类情况是很多的，所以我主张，对于学生的发言，教师要“具体分析，该支持的支持，该宽容的宽容，该沉默的沉默，该制止的制止”，不能说沉默和制止就一定是对学生的不尊重。对于佐藤学先生“尊重每一个儿童的尊严”的说法，不可做机械的理解。

2016 年 2 月 20 日

【夸克 7292（K12 班风小论坛）】

地梨老师说是个老师就教得了语文，对此我有不同的看法。

首先，中国教师很难做到像日本教师那样在课堂上给学生安全感。前面我已经表达过类似的想法，我感觉在日本课堂上学生发言都是发自内心的，没有什么顾虑；而在国内小学课堂上学生几乎没有什么安全感，尤其是有老师在场时，小学生发言是看老师脸色的，是想让老师表扬的，是想赢取小红花的。学生单纯围绕教学目标和教学内容发言而不考虑老师的态度和脸色的情况，在国内是很难想象也很难达到的。

其次，我估计，日本课堂的安全感是建立在老师的这种“弱势”上，因为老师只管“串联”，不怎么表明自己的态度，不像国内老师心里有固定的答案，竖起靶子等待十环射手。很多调查表明，低年级学生举手回答问题的多，越到高年级，举手回答问题的学生越少，怕答错是一个很大的原因。类似日本这样的课堂培养了学生用心倾听、大胆表达的学习习惯，到高年级时，学生养成独立思考和批判性思维能力的可能性就要大一些。

再次，日本老师的这种“弱势”可能和日本的考试方向和思路有关。

日本这两堂课，按国内的评课标准那是“烂”极了：知识没有突破、重难点不突出、环节松散，学生自由无序、教师无主导……那是因为国内考试的压力迫使我们向这些评价标准靠拢，至于学生获得了什么，只看分数，分数之外无法衡量，也没有人费力不讨好地关注分数以外的事情。

我们把“教什么”看得太重，而人家把“怎么学”看得太重。可能在我们看来，学生学会了知识才谈得上学习效果，所以我们很看重教材和教师的作用，认为日本教师这样教谁都会，殊不知叫一个教师上课少说话是多么的困难。可能在日本人看来，对于这些知识，学生以后都可以通过查阅资料得到，独立思考与批判性思维能力一旦养成，学习是很轻松的事情，关键是能突破和创新。

【王晓春读后】

先来看佐藤学先生的两段话：

可以毫不夸张地说，除了包括日本在内的东亚国家和地区之外，那种以黑板和讲台为中心、众多儿童整齐划一地排坐的课堂，以学科为中心、让儿童习得教师所传递的知识、技能，然后借助考试来加以评价的教学方式已经进入历史博物馆了。参访欧美诸多国家的课堂，20 名左右的儿童分成四五人的小组围坐在一张课桌边，展开合作学习，教师以课堂学习的设计师或是儿童学习的促进者的姿态展开活动。在这些教室里，教科书是配角，儿童以有探究价值的题目和课题为中心，借助大量的资料和多彩的活动追求着高品质的学习。

(《教师的挑战——宁静的课堂革命》，序第 1 页)

在教学中是否能够形成合作学习，很大程度上（将近有七成）取决于能否尊重每一个儿童的尊严，而教师的经验与学习的理论、教学的技能不过占了三成的比例。在观摩了众多的公开课之后，我越来越确信这一点。

(《教师的挑战——宁静的课堂革命》，序第 5 页)

把这两段话联系起来，人们可能会形成这样一些看法：

尊重学生，就会采取“合作学习”的教学方法；

只有采取“合作学习”的教学方法，才能做到尊重学生；

不尊重学生，就不会采取“合作学习”的教学方法；

不采取“合作学习”的教学方法，源于不尊重学生。

总之，这些看法是把佐藤学先生推荐的这种特定的教学方法与是否尊重学生绑定了，有你就有我，没有你就没有我。

愚以为这几种看法都是片面的。尊重学生是一种教学原则或者教学态度，属于理念层面，而“合作学习”是一种具体的操作方法，属于技术层面，这二者当然有一定的联系，但不在一个层面上。我认为在实际的教学活动中，即使完全不采用“合作教学”的方法，教师也可以对学生很尊重。反过来，即使形式主义地采用“合作学习”的做法，也可以在实质上不尊重学生。教师对学生的态度究竟如何，要具体分析，要看实质，不能单看表面现象。

教师批评学生，可不可以？批评就一定是不尊重吗？不一定。有的批评是尊重，有的批评就不是。教师表扬学生，也未必是尊重。同样道理，课堂讨论，教师对学生的发言采取不同的回应方法，既可能是尊重，也可能是不尊重，这要看情况。俗话说教无定法，我认为哪种方法都可能是尊重学生，也可能是不尊重学生。某堂课以教师讲解为主，就是不尊重学生了？未必。某堂课教师只起串联作用，就一定是尊重学生了？也未必。讨论教学方法，最好不从某种观念出发，而要从具体情况出发。从观念出发，容易搞出标准答案，容易犯教条主义的毛病。

2016年2月21日

43. 小林老师的公开课:《比例》

这个课例,我也是按照课堂实录的格式摘录在下面。

参加人员:小学六年级学生。

课题:比例。

学生讨论内容:有一瓶840毫升稀释的橙汁,水和橙汁的比例是5∶2,水和橙汁各占多少毫升?

教学目标:理解“比”的量的意涵和运算的意涵。

教学实录:

教师给本堂课的定位:多样的思考相互交流,充分共同探讨。

此前一节课,学生们已经把自己的解题方法写在了海报纸上。

教师:请谁解释一下。

几乎所有的学生都举了手。教师叫绫子发言。绫子在海报纸上用了最简单的计算方法,但被叫到之后,她急急地撤了手。

绫子:(小声)能够解出来,但我解释不了。

教师:可以稍微等一等。在海报纸上写着呢。去拿来看看。

佐藤学先生在此处说:“这时,别的儿童就不能举手了。这就是这个课堂的精彩之处。”

绫子畏畏缩缩地站在黑板前,声音小得像说给自己听一样。其他同学频频点头。绫子展示了2∶5的线段图,解释了840÷(5+2)=120算式的含义,又解释了120×5=600(水的量),120×2=240(橙汁的量)的算式与答案。

教师:绫子同学,你说不能解释,还是能的嘛。

健治:(突然出声)我完全不懂。

佐藤学先生在此处评论道:“虽然观摩过众多的课堂,但‘不懂’的时候学生能够直言不讳的课堂并不多见。如同此景一样，当大家都能够接受，正准备继续推进时，能够直言‘我完全不懂’的健治是好样的。那些能够接纳健治的学生们也是好样的。再有，听了健治的话，决定以健治的疑问为中心展开教学的小林老师也是好样的。”

教师：（对健治）好好听一听。（对同学）谁能代替绫子给健治同学解释一下？

和志：（运用了绫子的线段图）因为总体是7，是840 mL，所以1份是120 mL，水是5份，所以是600 mL；橙汁是2份，所以是240 mL。

健治：（又问一遍）840÷（5+2）=120是怎么回事呢？（小声）如果是我来做的话，总是稀里糊涂的，加减乘除不晓得怎么弄。

良子：水和橙汁是5∶2，总体是7，在这里括弧中是5+2。

健治：（小声感叹）哎，太复杂了。

美纪：瞧，上面写着总体是840 mL呢。

健治：这个，我懂。

美纪：因为水是5份，橙汁是2份，看一看线段图，总体是7份吧。

健治：嗯，还是不懂。

美纪无计可施了。之后，同学们一个接一个，总体或用7或用840 mL来解释。健治似乎终究理解不了840 mL去除5+2，其得数120 mL再乘以5、乘以2的含义。

健治：我不懂的是为什么是用乘法。用加法的话，加5次不就行了。

教师由此确认健治总算明白了。（可是我不懂这怎么算是明白了。——王晓春注）调侃道：本来准备花3分钟的时间，却花了20分钟。

学生们都笑了。接着讨论第二种解法。

美智子：（在黑板上贴上海报纸）先设x为橙汁的量，则列式为x÷840=2/7，x=840×2/7；设水的量为y，则列式为y÷840=5/7，y=840×5/7=600。许多学生摸不着头脑，他们对代数式的解法一无所知。

教师：大概有点不懂吧。

健治：不是有点不懂，而是完全不懂。

美智子：6÷2=3，2×3=6，所以，若x÷840=2/7，则x=840×2/7。

同学明白了，健治也不再提问了。下面讨论第三种解法。

牧子：在线段图上把总体设定为 1，于是得出：840×2/7=240，840×5/7=600。

半数以上的儿童不能理解，牧子的解释也没有说服大家，没想到这时健治说话了。

健治：通过线段图就可以明白。这里总体是 840 mL，那么，这是 5∶2，所以，把分母作为总体的话，就成为 5/7 和 2/7 了。这儿是水 5/7，这儿是橙汁 2/7。这样，用 840 mL 除以分母 7，乘以 5，就是水的量；乘以 2，就是橙汁的量。瞧，更难懂了吧，对不起了。

教师：谁弄懂了？

所有人都举起了手。“总算明白了”，“明白了”，“真过瘾”。

本课结束，第四种解法放到下堂课讨论。

佐藤学先生对这堂课的评论是：“回顾整堂课，我们可以清清楚楚地体会到这节课的律动。健治面对最大的障壁与其说是对‘比例’意义的理解，不如说是对‘分数’意义的理解。这是课堂里的学生或多或少的共性问题……正是老师们接受这些‘不懂’的儿童，为这种律动的课堂教学做好了准备。”

（参见《教师的挑战——宁静的课堂革命》，第 27—30 页）

2016 年 2 月 23 日

44. 我对《比例》一课的看法

先来看看网友关注体验和王书朋两位老师的意见。

【关注体验（K12 班风小论坛）】

对小林老师公开课中健治的“不懂”的辨析

在小林老师的《比例》公开课上，健治同学的表现很突出，很典型，很惹眼，起码，课堂实录文本给人这样一个强烈的印象。所以，下面我就通过分析健治在课堂上的“不懂”与“懂”的关系来说点看法。

教师：绫子同学，你说不能解释，还是能的嘛。

健治：（突然出声）我完全不懂。

〔点评〕健治第一次提出“不懂”，而且是“完全不懂”，大有同学的解释是白费时间的感觉。

和志：（运用了绫子的线段图）因为总体是 7，是 840 mL，所以 1 份是 120 mL，水是 5 份，所以是 600 mL；橙汁是 2 份，所以是 240 mL。

健治：（又问一遍）840÷（5+2）=120 是怎么回事呢？（小声）如果是我来做的话，总是稀里糊涂的，加减乘除不晓得怎么弄。

〔点评〕健治第二次表示不懂，即使和志的解释是如此的重点突出，简明扼要。但是，健治在这里给我们明确了“完全不懂”的具体含义——完全不懂算式是怎么来的，核心是为什么要这样使用加减乘除。也就是说，他知道怎么切分的事理，但是，不明白怎么使用算理。根据本节课的教学目标，使用除法的关键知识点就显得极为重要了。

良子：水和橙汁是 5 ∶ 2，总体是 7，在这里括弧中是 5+2。

健治：（小声感叹）哎，太复杂了。

〔点评〕虽然流露出了畏难情绪，但是，健治似乎明白了为什么需要 5+2 了。接下来就应该进入本节课的重点和难点——在总体中如何求一份了吧。

美纪：因为水是 5 份，橙汁是 2 份，看一看线段图，总体是 7 份吧。

健治：嗯，还是不懂。

〔点评〕健治第三次提出不懂，显然，不是指不懂 5+2=7，而是另有所指。按照逻辑，他不懂的地方应该是指为什么要用 840 除以 5+2 了。换句话说，就是到底如何在总体中求一份，才能算出水与橙汁的量。

美纪无计可施了。之后，同学们一个接一个，总体或用 7 或用 840 mL 来解释。健治似乎终究理解不了 840 mL 去除 5+2，其得数 120 mL 再乘以 5、乘以 2 的含义。

健治：我不懂的是为什么是用乘法。用加法的话，加 5 次不就行了。

〔点评〕健治第四次提出不懂，令人吃惊的是他没有按照我们的逻辑设想来明确应有问题，反而是非常明确地将自己第一次提出的问题迁移到了 120×5=600、120×2=240 上，说为什么不是用加法，而非要用乘法。怎么回事？显然，这并非他原来提出的第一个问题了。但是，这样一迁移，本节课的核心知识点就滑过去了。是健治本身就会不值得提出，还是没有注意到这里的除法问题？小林老师在这里是否应该提出来以验证一下健治或全班学生的掌握情况？我认为，身为老师在此处是不能大意的。

教师：大概有点不懂吧。

健治：不是有点不懂，而是完全不懂。

〔点评〕健治第五次提出不懂，而且又是完全不懂。

美智子：6÷2=3，2×3=6，所以，若 x÷840=2/7，则 x=840×2/7。

同学明白了，健治也不再提问了。下面讨论第三种解法。

〔点评〕健治由完全不懂到不再提问，中间环节是美智子列举了除法变乘法的例子，似乎健治的完全不懂是不明白除法如何变成乘法的？同学们似乎也存在这一问题（乘除法之间的转换应该是学习比例知识之前应该掌握的基础知识与能力）。问题是，这里也没有提出和强调在总体中求一份的方法。所以，健治掌握了知识点没有，存疑。

健治：通过线段图就可以明白。这里总体是 840 mL，那么，这是 5 ∶ 2，所以，把分母作为总体的话，就成为 5/7 和 2/7 了。这儿是水 5/7，这儿是橙汁 2/7。这样，用 840 mL 除以分母 7，乘以 5，就是水的量；乘以 2，就是橙汁的量。瞧，更难懂了吧，对不起了。

〔点评〕美智子用除法表达，同学们的问题却集中在如何变成乘法上；现在用乘法表达，反而还有半数以上的学生不能理解。难道除法比乘法简单？日本人不是和我们一样先学乘法再学除法，而是反过来？另外，我们从健治的讲解中可以看到，他熟练地掌握了用乘法的技能，这是本节课中他所取得的进步。最令人震惊的是健治一直不明白的总体中求一份用除法的问题，在这里，居然无师自通而且熟练地正确使用上了“用 840ml 除以分母 7”这一除法方法，是怎么做到的？是因为和志的讲解？若是，那他说完全不懂，就是故意捣乱；若不是，而现在又会了，也可能是对和志的讲解慢慢想通了，也可能是对教师原来所讲突然顿悟？总而言之，健治的表现出现了逻辑断裂，我认为，这一除法方法是一个需要深入研究并要弄明白的教学对象。

教师：谁弄懂了？

所有人都举起了手。“总算明白了”，“明白了”，“真过瘾”。

本课结束，第四种解法放到下堂课讨论。

〔点评〕课堂结束时，教师或学生做总结吗？在这里，教师要是能够总结一下本节课，顺便强调一下本节课的核心知识点和能力训练关键点，以及反映出来的算法选用特别是乘除法转换的问题，也许要好一些。

我没有教过小学，也不是数学老师，上述看法只是我的一点外行浅见，请大家指点。

【王书朋（班主任之友）】

“律动的课堂”是一个很好的提法，值得我们深思，而教师对学生质疑精神的保护和引导是这堂课的亮点。教师在尊重中使学生意识到数学的核心在于探究，思路的学习比知识的学习更加重要，师生围绕共性问题展开教学并把课堂引向深入。

绫子知其然而不知其所以然，为这堂课找到了一个突破口。学生在自主探讨的过程中，展现出由不同的认识角度所产生的不同解题方法，进而把不同的方法呈现出来，学生自己去思考。当学生理解以后，教师也就随之完成了教学。

2016 年 2 月 23 日

【王晓春读后】

我学习这个课例，最大的困惑是一直没有搞清这位健治同学到底是什么地方不明白，后来怎么弄明白了。我搞不清楚健治前后发言之间的逻辑关系，关注体验老师称之为“逻辑断裂”。我觉得好像小林老师其实也没搞清楚，最后健治同学的表现出乎意料，证明大家似乎都不知底细。当然，也许是我的理解能力不够，我很希望有数学老师开导我一下。

还有一个问题，本课上来就讨论四种解题方法，而这四种方法是上一堂课学生写出来的。我想知道的是，这四种方法学生是怎么知道的，是在学校学的还是自己早就会的？如果是在学校学会的，我想知道那是怎么学会的，教师是用什么教学方法使学生学会的。据我看，观摩这种初始课比观摩讨论课更有意义，因为（恕我直言）讨论课展示作用更明显一些。

此课的亮点，如王书朋老师所说，是小林老师“对学生质疑精神的保护和引导”，这体现了对每一个学生的尊重。不过我想，这里也有一个要掌握的分寸，就是当个别学生提出的问题有些普遍意义，教师发动同学专门为个别学生做解释能得到多数同学的支持，不至于影响教学进度。也就是说，在尊重个别人的权利的同时也不要忘了尊重大多数人的权利。

还记得佐藤学先生“倾听、串联、反刍”的教学模式吗？你会发现，在《比例》这一课上，教师的“串联”和“反刍”作用都不明显。为什么？因为本课有明确而集中的讨论题目，有了这个东西，讨论发言就不易碎片化了，即所谓的纲举则目张。数理化与语文的差别就在于此，数理化有严密的知识体系，在教学中无须花更大的力气掌控学生的思维方向，语文课内容比较杂，如果教师再没有明确的教学目标（尤其是语文知识和能力方面的目标），结果必然形成《魔奇树》和《土笛》那样碎片化的讨论局面。

还有一个安全感的问题。夸克7292老师谈到了这一点。我注意到在《比例》这一课上的第一个发言者绫子是缺乏安全感的。这种安全感缺乏的原因何在？在多大程度上与小林老师有关？多大程度上与学校教育有关？没有细致的调查研究，我们很难得出结论。但是我想说的是，此事比较复杂，不可片面归因。当然，这并不妨碍我们一般性地批评我国课堂上学生缺乏安全感，这种安全感的缺乏，大部分老师难辞其咎。一般判断与具体分析相结合，可能是比较好的讨论问题的态度。

2016年2月24日

【地梨（K12班风小论坛）】

看了关注体验老师对这堂课的深入分析，我认为很精彩。我试着从佐藤学先生对这堂课的三次评论简单说两句。

第一次评论是这样的：佐藤学先生在此处说："这时，别的儿童就不能举手了。这就是这个课堂的精彩之处。"

小林老师说："可以稍微等一等。在海报纸上写着呢。去拿来看看。"我搞不清楚是什么意思。佐藤学先生为什么这样说，为什么给如此高的评价，我也不明白。小林老师的意思是不是说，解释不了没关系，先把计算过程拿来看一看？佐藤学先生这样说，是不是小林老师说完话后，其他学生都放下了手，很尊重绫子，没有一个学生抢着解释自己的算法，让老师叫自己说？但是，假如这时候有一个学生（比如同桌）大胆地站起来发言："老师，我和绫子的算法一样，我会解释，请让我说吧。"接下来，小林老师该怎样处置才会得到佐藤学先生同样的评价呢？

绫子展示线段图、解释算法后，得到了老师的肯定，这时突然出现了说自己"完全不懂"的健治。第二次评论出现了。

佐藤学先生在此处评论道："虽然观摩过众多的课堂，但'不懂'的时候学生能够直言不讳的课堂并不多见。如同此景一样，当大家都能够接受，正准备继续推进时，能够直言'我完全不懂'的健治是好样的。那些能够接纳健治的学生们也是好样的。再有，听了健治的话，决定以健治的疑问为中心展开教学的小林老师也是好样的。"

在我国，随着年级的升高，学生发言的积极性递减，佐藤学先生说"直言'我完全不懂'的健治是好样的"，由此看来，日本学生滥竽充数的情况也很普遍。看起来，像藤田老师那样懂得尊重学生的日本老师也不占多数，这恐怕让中国的大多数老师稍感心安。另外要说的是，佐藤学先生认为"决定以健治的疑问为中心展开教学的小林老师也是好样的"，这就要看情况了，如果健治的疑问确实很有代表性，值得老师尊重他；如果他的疑问是全班其他同学都觉得非常简单甚至可笑的，那老师这样做就是对其他学生严重的不尊重。

第三次评论是对整堂课的："健治面对最大的障壁与其说是对'比例'意义的理解，不如说是对'分数'意义的理解。这是课堂里的学生或多或少的共性问题。"这说明学生对分数意义的理解不到位，估计主要是前面学习相关内容时老师教学的问题。而小林老师在本堂课做的就是花大部分时间和精力来完成“补救”的工作。这可能也是很多数学老师比较头疼的问题。

总之，我觉得小林老师的这堂课，比较尊重学生。健治应该是一个基础不太好但比较好学、悟性也还不错的学生。佐藤学先生对这堂课的总体评价中，“律动”一词有些高深莫测，不能理解，还想听听各位网友的高见。

【秦（K12 教育评论）】

这节《比例》公开课的教学方法是，小林老师对学生提出的疑难问题进行的师生对话教学（用佐藤学的对话）。一节课分析了一道题的三种解法，第四种解法留在下节课讨论。这一节课的讨论费时费力，学生对不同解法的变化领悟得不快。这节课既然是体验课，若用分组实验加对话的方式，会更容易理解。

这个实验不难做。用量杯操作，材料有水和橙汁。学生分组做实验。

学生的第一种解法出现了问题之后，就可以做这个实验（实验和讨论解法，谁先谁后，不是固定的）。我觉得，老师之所以要上这节讨论课，是因为学生普遍对“比”的量和运算不理解。而学生不理解的根本原因是没有实际的生活经验。这个实验是必须要做的，学生有了切身的体会后再做这样的题，无论题目怎么变化都好理解了。

【关注体验（K12 班风小论坛）】

凌子的举手与撤手之间

地梨老师对佐藤学三次评论的意见给人很多启发。我基本认同其对佐藤学第二、第三次评论的看法，只是他对佐藤学第一次评论的看法引起了我深究的兴趣，所以，想说点看法。

地梨老师有两个问题：一是不清楚小林老师为什么在绫子说了会做不会解释之后要看她的海报纸，二是不明白佐藤学先生为什么肯定其他同学不能举手的规则和给出很高的评价。

由于我对佐藤学先生的教育观念根本不熟悉，所以，第二个问题请其他网友回答。我只对第一个问题说点看法。

小林老师为什么要看绫子的海报纸呢？

心中有，却表达不出来，或者对自己的表达没有信心，这是一个人在语言能力发展过程中必然要经过的一个阶段，即心理语言外化为口语语言的阶段。一个人初学语言时如此，学习新知识时也是如此。对此，我们应该都有体会。

绫子学习比例及其运算，应该属于学习新知识，那么，在用语言解释时出现能做出来却对自己的语言表达没有信心的现象，应该属于其语言发展在这一语言外化阶段的正常表现。

在绫子说自己能做出来（显然她已经做出来了）却不能解释时，小林老师要看她的海报纸，就是想看看她心里是否已经明白，尽管她可能会表达不清。这是一个懂得学生思维心理和语言表达之间关系的老师很专业的做法。我觉得，对小林老师这个想真切了解学生真实水平的做法应该给予充分肯定。

佐藤学先生随后描述的绫子的表现也证明，绫子对本题在知识思维逻辑上是理解的，心里是明白的，其语言解释也得到了小林老师的肯定。

既然如此，那么问题就来了：绫子为什么说自己不会解释、举手被点名后却又迅速撤手呢？

我认为，绫子说自己不会解释，不是瞎说，不是捣乱，而是在自信心不足基础上实事求是地对自我认知的说明。绫子举手，是因为她把题目做出来了，对自己有了些信心，本能地举起了手；绫子撤手，是因为她发现被点名后，自己对用语言准确解释自己内心所想没有信心，才断然撤手。

在这种情况下，小林老师提出要看她的海报纸，正是想验证一下她是否会做本题，也是给她提供一个梳理思路、组织语言、准确表达看法，借以提高语言表达能力的机会，这是一个具有专业素养的教育行为，所以，我认为应当予以肯定。

上述看法，请大家批评指正。

【夸克 7292（K12 班风小论坛）】

《比例》一课的亮点

佐藤学之前给出了两个小学语文课的教学实录，引发了不少争议。争论集中在课堂的运行过程中。一方认为太“碎片化”，发言不集中；另一方认为语文课堂的目的就是锻炼学生听、说能力，并不受教材的限制。每个教师看重的点不一样，从不同的角度出发自然会有不同的看法。

然而，这一节小学数学课例并没有引发太大的争议，王老师说是因为“数理化有严密的知识体系，在教学中无须花更大的力气掌控学生的思维方向”。也就是说，之前讨论的焦点在于学生发言是否围绕一个中心进行，由于那两节语文课学生发言比较散，引起了大家的争议。我还是那个观点：小学语文课的主要目标是锻炼学生能大胆听、说、写，其余的目标相对次要一些。本节课我们就可以看出，此前学生在语文课上的锻炼起了一定效果。

下面列举几个片段，来说明我看到的亮点。

教师：可以稍微等一等。在海报纸上写着呢。去拿来看看。

佐藤学先生在此处说：“这时，别的儿童就不能举手了。这就是这个课堂的精彩之处。”

〔点评〕我很认可关注体验老师的评价，“给她提供一个梳理思路、组织语言、准确表达看法，借以提高语言表达能力的机会，这是一个具有专业素养的教育行为”。除此之外，我认为还要注意佐藤学先生的评价：精彩之处在于小林老师并不是马上要求其余学生举手，而是要求绫子去拿纸看看。有几个地方值得学习：一是教师没有竖起靶子找一个“十环射手”，以便按预设推进自己的课堂。这充分体现了教为学服务的思想，注重课堂生成。二是其余学生也没有一个个举手，要求上台来讲（在我们的课堂中估计会有耐不住寂寞举手要求讲解的学生），都继续等待绫子发言，说明学生已经养成尊重他人、随时倾听别人发言的习惯。我想，这个习惯，应该不是一节课能够培养出来的。与教师的理念和平时的课堂处理有很大的关系。

绫子畏畏缩缩地站在黑板前，声音小得像说给自己听一样。其他同学频频点头。

〔点评〕这个细节也是很重要的，学生声音如此小，其他同学还能听得“频频点头”，充分证明教师平时对学生的培养到位，可能是语文课的那些讨论起了作用。否则，学生很难有耐心地听完别人的“小声音”讲解。

教师：绫子同学，你说不能解释，还是能的嘛。

〔点评〕老师这个鼓励很重要。一是建立她的信心；二是给其余学生做出了一个好的榜样；三是侧面反映了绫子确实会做这个题，只是整理思路需要时间和空间。所以说，小林老师确实很具有专业素养。

美纪无计可施了。之后，同学们一个接一个，总体或用 7 或用 840 mL 来解释。

〔点评〕这个环节的亮点在于：一是体现了学生互助的精神，二是学生在帮助他人的同时也加强了自己的思考。根据学习的金字塔理论，学生在教别人的时候，掌握的知识是最牢固的。

健治：我不懂的是为什么用乘法。用加法的话，加 5 次不就行了。

教师由此确认健治总算明白了。（可是我不懂这怎么算是明白了。——王晓春注）调侃道：本来准备花 3 分钟的时间，却花了 20 分钟。

〔点评〕这个地方王老师有疑问。我的理解是小林老师确定健治明白可能是因为健治已经明确每一“份”是 120 mL，只不过其他学生用 120×5，而健治却用 120 加了 5 次。即总体与个体的关系已经清楚、总体为 840 mL，分成 7 份；个体为 120 mL，占 5 份，可以用 120×5，也可以用 120 加 5 次。对于这个问题，小林老师没有再做深究，估计留到以后会再讲。

这个地方的亮点在于教师根据课堂生成调整教学，健治可能没有真正弄懂，可是其余学生轮番上阵想方设法想要教会健治的过程很重要，所以这20分钟也是值得的。可能有的老师会质疑小林老师为了健治一个人而调整教学是对其他学生的不尊重，然而其他学生也在参与，也在动脑筋想教会健治，这样就不存在为了一个人而忽视了其他人。如果老师无视其他学生而对健治一个人进行单独辅导，则可以说是对其他学生的不尊重。但是如果调动了其他学生一起参与辅导这个学生的活动，则不能说只尊重某一个学生了，因为其他学生在教的过程中自己也会有收获。当然，在小班是可以的（20人），在50人以上的大班，采取这种方式行不行那就很难说了，有可能课堂乱成一锅粥，浑水摸鱼的大有人在。所以，只能就事论事，不能盲目推崇与推广。

以上看法，不知有没有道理？

45. 敦子老师的公开课：《分数》

这个课例有点复杂，我怕转述失真，全文照录如下。

（一）问题产生的时刻

茅崎市滨之乡小学的佐藤敦子老师在2002年3月，上了一堂四年级的算术课——“分数”。这个月也同样获得了来自全国各地100多名观摩教师的热切关注（此句似有语病，可能有错字——王晓春注）。开始上课，佐藤老师的问题是：“两块蛋糕三个人分，该如何分？”儿童们4人一组，正中间摆着一个碟子，上面放着两块包着保鲜膜的蛋糕。佐藤老师提问的话音刚落，各个小组就窃窃私语般小声讨论起来。仅仅几分钟的观察就可以发现佐藤老师的教学与之前大不相同。

一年前，佐藤老师成了滨之乡小学的一名临时教师。观摩了教师们的教学之后，我对佐藤老师的第一印象是“一年之内她无论如何都上不了像样的课”，算术课也是同样。我断定：“合作学习的教学是不可能的，能够让学生熟练地掌握运算方法就不错了。”因此，无论是校本研修还是学年研修，佐藤老师都退避三舍。这样一来，她就与热衷于教学研究的其他教师拉开了距离，只能拼命地保持自己的教学步调。

是学生们改变了佐藤老师的教学。首先，爱好算术的学生提出了这样的要求——“希望像三年级的时候那样合作思考”。佐藤老师对此仍然置若罔闻，她觉得这只是擅长算术的学生对她的不满而已。不过，到了第二学期，就连讨厌算术的胜也和昭夫也开始发泄不满：“我们要上合作学习的课。”这种情况与“能够稍微掌握一点算术知识就行了”这一最低限度的目标相反，连讨厌学习的胜也和昭夫也要求进行“合作思考的教学”、

“合作探究的教学”，佐藤老师于是决定，尽管时日不多，但教学方式已是非改不可了。这堂“分数”的公开教学课正是佐藤老师自身的变化与课堂进步的充分体现。

回到课堂，首先，佐藤老师点名让良子回答，当时她正用手比画着切蛋糕的动作，她说：“每个蛋糕三等分，切两块蛋糕，就可以。”美智子的声音响起来：“两块蛋糕一起切，简单得很。”在这里，佐藤老师并没有忽略讨厌算术的胜也和昭夫纵向切的动作，她做了个纵切的手势，说：“胜也是这样切的哩。”并评价道：“这个想法也不错。”各个小组又重新议论起来。这种敏感的反应与知性的微笑显示出，在短短的几个月间，这个课堂里已构筑了合作探究的关系。同样，昭夫也说道：“胜也的想法好，因为一遍切不出三人均分的两份。”

佐藤老师指导说：“一个蛋糕三人分的时候，无论是良子的切法还是胜也的切法都是可以的。那么，究竟用良子的切法还是用胜也的切法呢？大家想想看，然后切切看。”其间，各个小组还在继续议论，学生们产生了这样的疑问：一个蛋糕三个人来分的话，应当是各切成“三分之一”。然而，一人份的蛋糕为什么是“切成三分之二”呢？

（二）认识的分享与发展

为使“疑问”转化为“问题”，就要与其他人的疑问进行交流。进入小组作业之后，每个人的思考就发展为四人见解的切磋。纵 12.8 厘米、横 9 厘米的蛋糕两块，学生们围绕着蛋糕的切法展开了持续不断的讨论。学生们一边用尺子量，一边用纱线将长度三等分，并以此为媒介讨论起来。讨论之所以会持续，其原因在于：一是，各个小组到底选择哪一种切法，是按照良子说的横向三等分，还是按照胜也说的纵向三等分，大家莫衷一是；二是，纵切的是 9 厘米的三等分，很简单。但如果横切的话，则是 12.8 厘米的三等分，就不那么容易。这也是佐藤老师备课时的一个预设，与其简单地切，还不如充分讨论切法，这样可以丰富以下步骤的探究。

事实上，小组讨论中还存在着一个隐蔽的问题——蛋糕三等分的话，1人份就是三分之一，但实际上切的时候是切成三分之二，为什么呢？不过此时，这个问题仍隐藏在切蛋糕的作业背后，尚未明确地显现出来。在讨论与作业过程中，佐藤老师一边巡视各个小组，一边说："3个人分1块蛋糕——"（此处明显与本课一开始提出的问题不同，我不明白怎么回事——王晓春注）这是引发探究的关键性话语，令人深思。

由于克久的敏锐思考，靠窗的昭夫小组才能够继续愉快的讨论。"明白哩"与"头脑好像混乱了"的讨论声此伏彼起，克久认真地听取伙伴们的意见。多亏了他这种旺盛的探究心理，虽然这个小组没有切蛋糕，但已经把问题弄清楚了。佐藤老师在黑板上画出了1根棒，（为什么要画1根棒？——王晓春注）在确认了"把这个三等分"之后，分组讨论"一人份用分数怎样表示？"

其间，发生了一件小事，昭夫小组的道子突然哭了。原来这个小组切蛋糕的动作缓慢，由于问题有点抽象，昭夫开始陷入混乱，并对道子出言不逊。佐藤老师亲自跑过去，简单地安抚了一下道子。此时各个小组的答案都写在了黑板上，于是进入班级全员的讨论阶段。

（三）新探究的开始

"两块蛋糕3人分，1人份是多少？"——因为是三等分，所以是"三分之一"，但是一人份的蛋糕是"切成三分之二"。学生们努力地钻研这个难题，讨论的结果是"六分之二"的答案。确实，这样的话，切成三分之二是可以的。但是，尽管大家都同意"六分之二"的答案，但有的小组记作"三分之一"，而有的小组记作"三分之二"。

佐藤老师在黑板上那根棒的下面，又画出了3根"三分之一"的棒，在下面又画了6根"六分之一"棒。她让学生们注意黑板上的图，反复地询问："1人份是多少，三等分的话应当是三分之一，但是，为什么切成三分之二？"这里的议论也似乎是一石激起千层浪，各种意见迭出："由于1根是三分之一，所以，2根就是三分之一加三分之一，就是三分之二"或是"2根分成6份，其中2份就是六分之二"。

分数与小数的区分是小学算术的最大困难之一。正如欧美人用分数来表示quarter（25%）硬币一样，欧美人更熟悉分数；而日本人则用"三分金"来表示，这说明日本人更熟悉小数文化，即便熟悉分数，也可能不熟悉小数。（这话很令人费解，是否翻译或排版出了问题——王晓春注）学生们产生混淆是理所当然的。从这个意义上说，学生们回答六分之二就颇具深意了。

根据佐藤老师的判断，倘若分不清分数和小数，那么暂时的困惑是必要的。"两块蛋糕三等分，用分数来表示1人份是多少呢？"正确答案是"三分之一"与"三等分的两块"。但是，学生们尚未达到这个思维高度。

在这里，元树提出了绝妙的疑问："如果是六分之二，两块的话，就是六分之四了。这样不就糟了吗？""什么意思？不懂。"悟郎胡乱插嘴道。佐藤老师并没有以严厉的语气提醒他，而是询问大家说："元树的疑问是什么意思？"悟郎仍反反复复地说："什么意思？不懂。"佐藤老师责备道："请谁把悟郎的嘴堵上。"于是课堂里传来一阵爽朗的笑声。佐藤老师的一本正经也是一种幽默，她在这里点名让刚才弄哭道子的昭夫回答，并打趣他道："在老师最重要的课上把女生弄哭。"在大家的笑声中，提醒昭夫认识元树提问的意义。

佐藤老师了解昭夫弄哭道子的原因在于道子固执地打扰昭夫切蛋糕，应当受责备的是道子。不过，佐藤老师也理解责怪哭泣的道子是愚蠢的。因此，通过幽默的斥责让昭夫摆脱窘境，回到教学的轨道上来。如此缜密的考虑使得课堂的合作学习能够进一步向深度发展。

> 整节课持续了60多分钟。元树提出的问题不得（此处似缺一个“不”字，但原文如此——王晓春注）放到下一节课了。学生们左思右想，直面一个又一个问题，这堂课是非常成功的。当佐藤老师提出“好，为了下一节课，请用保鲜膜把蛋糕包好吧”，“唉——”的声音，响彻整个课堂，“我们想吃”、“再思考一下”的声音彼此交织。其间，昭夫已经拿起蛋糕的一角大嚼起来，佐藤老师一边制止昭夫，一边宣告教学结束，之后又补充了这么一句话：“大家每组4个人呢，想吃蛋糕的话，先讨论一下如何把三等分的蛋糕变成四等分然后再吃。”（大笑）
>
> （《教师的挑战——宁静的课堂革命》，第40—44页）

我一字不落地录完了这个课例，困惑比《比例》一课还要多，越想越不明白。希望各位网友不吝赐教。

2016年2月29日

【秦（K12教育评论）】

我觉得，这节课是操作（实践）基础上的讨论（对话）课。这样设计是可以的，然而佐藤敦子老师不会驾驭学生的讨论，没有把学生的思考引向深处，没有结合实际将知识讲明白，不是成功的课。

这节课记载得混乱，大概是因为课堂讨论就是杂乱无章的。我想起课改之初，课堂就是一盘散沙，老师无法操纵课堂，也不知道如何去做。老师对此意见纷纷，对这样的教学表示强烈不满。那时我也是满心困惑：为什么听起来非常有道理的课改，会这么乱？不应该的！我想找出问题所在，于是开始独自思考，不再跟风（这是题外话）。

敦子老师的这节公开课《分数》与美国老师上的《灰姑娘》相比较，我们能看出这两节课中对话的差异。《灰姑娘》那节课，老师把学生的对话引向了一个高度。我觉得，无论哪种方法，都需要人学会运用，否则，再好的方法也是糟糕的。

46. 我对《分数》一课的看法

秦老师认为这个课是“操作（实践）基础上的讨论（对话）课”，看起来是这样。任课教师似乎是想用一个实际生活中的例子作为课堂导入，深入探讨分数的运算法则。秦老师认为“佐藤敦子老师不会驾驭学生的讨论，没有把学生的思考引向深处，没有结合实际将知识讲明白”，我觉得主要问题不在这里。我的看法是，敦子老师的教学设计从一开始就有毛病，结果必然造成混乱。

这堂课师生面临的问题其实有两个：一是一个操作性的实际问题：三个人分两块蛋糕，怎么分；二是分数运算的法则问题：2÷3，怎么算。

这两个问题本来都很简单。

对于切蛋糕的问题，学生一上来就给解决了：把每块蛋糕都切成三块（横切竖切都行），每人拿两块就行了。或者把两块蛋糕摞起来（实际上是把两块蛋糕合成一块，等于把数学题目改成 1÷3 了），直接切成三块即可。

作为数学问题，列出式子来，即是 2÷3，等于 2/3，也很容易解决。

可惜，把这两个问题放到一起，想用分数的运算法则“解释”切蛋糕这件事，或者想把 2÷3 这个算式用直观的切蛋糕的例子加以说明，立刻就乱了。1/3 也出来了，2/6 也出来了，4/6 也出来了，还有什么“三等分的两块”。正所谓“乱花渐欲迷人眼”，你不说我还明白，你越说我越糊涂。

问题出在哪里呢?

愚以为，问题的关键在于，2÷3 这个算式，完全不适合用“两块蛋糕三个人分”来做实践操作的例子来展示。

设想，题目若换成这样：把一根两尺长的木棒分成三段，每段多长?用分数表示。师生的思维绝不会这样混乱。因为这两尺长的木棍是同一个东西，而那个蛋糕是两块。把两个东西先拆分、再拼成三份，与把同一个东西分成三份，差别很大。所以，要讲 2÷3 这个算式，对于四年级的小学生而言，是不可以用分蛋糕这种例子的。我认为这是教学设计的失误。

其实，即使用分蛋糕做例子，也能说明白。两块蛋糕三个人分，每个人也是分得 2/3 块，关键这个 2/3 是“一块蛋糕的 2/3”。

学生中为什么有人认为答案是 1/3，有人认为是 2/3？因为前者实际上是把两块蛋糕看成 1 了，后者则是把两块蛋糕各自看成 1。这堂课之所以混乱，就在于师生忽而把两块蛋糕分着看，忽而又把它们看成一个整体，结果把自己绕进去了。首先是教师把自己绕进去了，然后又把学生绕进去了。

敦子老师的这堂公开课，佐藤学先生认为“非常成功”，我没有这种感觉。一堂数学课，师生在数字概念和运算法则方面都没弄明白，说是成功，难以服人。

然而佐藤学先生却很满意。结合前面的几个案例来思考，我就不得不说，可能佐藤学先生的课堂评价标准有些偏颇。佐藤学先生似乎过于重视课堂气氛和小组讨论的教学形式了。好像只要有所谓“合作学习”的局面，不管学生实际上学到没学到知识，不管学生是否真的提高了能力，就都是好课。果真是这样，佐藤学先生的教学观，就有形式主义和“快乐主义”的嫌疑了。

当然，这只是初步想法，不一定正确。后面我们还要研究更多案例，以搞清这个判断是否符合实际。

2016 年 3 月 2 日

【秦（K12 教育评论）】

实物操作，选用什么材料适合分数教学，教师是要好好设计的。您想用一根两尺长的木棒来分三段。在操作中，学生会想到怎么分成相等的三段，这样就涉及小数，这是难点。而用两块蛋糕，容易分出相等的六份，给每人两份。至于学生提出的疑问：三分之一、六分之二、六分之四、“三等分的两块”，教师可以让学生把分出的六块蛋糕，做不同的组合变化练习，就能得到不同的分数，解决这个问题也就不难了。蛋糕被分完了，学生既学会了知识，又能吃。我倾向于佐藤敦子老师设计用的材料——蛋糕做的教学设计。

佐藤学先生在前面曾如此评价佐藤敦子老师：“我断定：‘合作学习的教学是不可能的，能够让学生熟练地掌握运算方法就不错了。’”这节公开课，佐藤敦子老师采用了合作学习的方式，与她过去的教学方式不同。佐藤学先生欣赏这节课，可能是因为佐藤敦子老师有了很大的改变，她不再简单地让学生学会运算方法就行了，而是让学生通过实际操作，解决生活中的数学问题。假如这节课，就用我们平时惯用的教师让学生在黑板上运算，条理清晰地去讲分数，一步一步地去解题，可能不会有任何麻烦，这就是“让学生熟练地掌握运算方法”吧。而这节课，佐藤敦子老师采用了学生分组合作学习的方式，是不是一大进步呢？让学生提出问题，就会遇到老师无法预设的各种各样的问题，因此，很多老师不喜欢放手让学生发言，坚持传统的传授式教学。传授式教学，只要老师讲好就行了，不愿意让学生提出疑问。我觉得这节课的长处，是学生提出的问题也能促使老师不断去思考，更有利于师生成长。放手让学生去做，去提出问题，的确比老师单向的传授困难得多，但也有意思得多。老师也需要一个锻炼的过程，一个从不成熟到成熟的指导过程。我觉得，佐藤敦子老师指导学生合作探究学习的表现，显示她仍处在不成熟的阶段。

无论是木棒还是蛋糕，在教学方法上，都属于实物操作。这种教学方法，能用“对话”教学来解释吗？我们过去叫“直观教学”，杜威叫“做中学”。后现代对话哲学是对现代哲学的补充，那么我觉得，“对话”是对“做中学”的补充，是合理的，不能用“对话”代替“做中学”。我个人觉得，佐藤学先生用三个对话解释教学，不够严谨。

【关注体验（K12 班风小论坛）】

我来谈一下对这节课的看法。

开始上课，佐藤老师的问题是：“两块蛋糕三个人分，该如何分？”

〔点评〕这里老师正式提出了本节课要集中讨论的问题。

同样，昭夫也说道："胜也的想法好，因为一遍切不出三人均分的两份。"

〔点评〕这里的"一遍"是什么意思？一次吗？三人均分应该是三份，怎么是两份？

佐藤老师指导说："一个蛋糕三人分的时候，无论是良子的切法还是胜也的切法都是可以的。那么，究竟用良子的切法还是用胜也的切法呢？大家想想看，然后切切看。"

〔点评〕本来是两块蛋糕三人分，这里怎么提出"一个蛋糕三人分"，换问题了？还有一个问题，蛋糕是什么形状没有交代清楚，读者怎么去想象切法？因为，蛋糕形状不同，切法也是不同的。不交代清楚蛋糕形状，读者无法预判切法。这是作者表述上存在的问题。

其间，各个小组还在继续议论，学生们产生了这样的疑问：一个蛋糕三个人来分的话，应当是各切成"三分之一"，然而，一人份的蛋糕为什么是"切成三分之二"呢？

〔点评〕这里的"一人份的蛋糕"是什么意思？

纵 12.8 厘米、横 9 厘米的蛋糕两块。

〔点评〕这里又恢复成两块蛋糕，而且给出了纵、横的长度。那么，还有一个问题，是不是规则的长方形没有交代，这是作者的问题，因为在场学生一眼就可以发现是否是规则的。

但如果横切的话，则是 12.8 厘米的三等分，就不那么容易。

〔点评〕显然，12.8 除以 3 的答案是一个循环小数，无法精确除尽。这里教师既可以引导学生复习循环小数的概念，又可以比较一下循环小数与分数在精确度上要求的不同。但是，这不是本节课的重点。

事实上，小组讨论中还存在着一个隐蔽的问题——蛋糕三等分的话，1 人份就是三分之一，但实际上切的时候是切成三分之二。

〔点评〕这里的“1 人份”不是数学专有名词，似乎是说每人一份？这后半句是什么意思？

为什么呢？不过此时，这个问题仍隐藏在切蛋糕的作业背后，尚未明确地显现出来。在讨论与作业过程中，佐藤老师一边巡视各个小组，一边说：“3 个人分 1 块蛋糕——”（此处明显与本课一开始提出的问题不同，我不明白怎么回事——王晓春注）

〔点评〕佐藤老师重复提示的这句话似乎在告诉学生——要想把两块蛋糕分成三份就要先将一块蛋糕三等分，而这不是本节课的重点，重点在于如何找到等分线。

“两块蛋糕 3 人分，1 人份是多少？”——因为是三等分，所以是“三分之一”，但是一人份的蛋糕是“切成三分之二”。

〔点评〕“一人份”不再是指每人一份的三分之一了，而是指三分之二。这里作者的表述显然是混乱的，给读者理解造成不必要的麻烦。

学生们努力地钻研这个难题，讨论的结果是“六分之二”的答案。

〔点评〕如果讨论的正确结果是六分之二，那么，显然一人份的蛋糕就是切成六分之二，而不是三分之二。所以说，作者的表述出现了知识性的差错。

确实，这样的话，切成三分之二是可以的。

〔点评〕应该这么说——一人份是两块蛋糕总体的三分之一，也就是切成两块蛋糕总体的六分之二，而余下的部分是蛋糕总体的三分之二，也就是两块蛋糕的六分之四。

但是，尽管大家都同意“六分之二”的答案，但有的小组记作“三分之一”，而有的小组记作“三分之二”。

〔点评〕显然，学生们掌握分数计数的技巧还不过关。计作“三分之一”是正确的，计作“三分之二”是错误的。

佐藤老师在黑板上那根棒的下面，又画出了3根“三分之一”的棒，在下面又画了6根“六分之一”棒。她让学生们注意黑板上的图，反复地询问：“1人份是多少，三等分的话应当是三分之一，但是，为什么切成三分之二？”

〔点评〕老师的这个问题是把简单问题毫无必要地模糊化了，也是她表述不精确导致的。应该这么问：一人份是多少，若三等分的话，一人份应当是三分之一，那么余下的部分是不是就成了总体的三分之二？——从这里可以看出，作者之所以反复使用“切成三分之二”这个话语，是出自这个老师。

这里的议论也似乎是一石激起千层浪，各种意见迭出：“由于1根是三分之一，所以，2根就是三分之一加三分之一，就是三分之二”或是“2根分成6份，其中2份就是六分之二”。

〔点评〕这个表述简明扼要，正确。

分数与小数的区分是小学算术的最大困难之一。正如欧美人用分数来表示quarter（25%）硬币一样，欧美人更熟悉分数；而日本人则用“三分金”来表示。

〔点评〕“三分金”是什么？是不是日本人有自己的一套数学名词？我从网络上没有查到。

这说明日本人更熟悉小数文化，即便熟悉分数，也可能不熟悉小数。(这话很令人费解，是否翻译或排版出了问题——王晓春注)

〔点评〕既然日本人更熟悉小数，怎么可能即便熟悉分数，也可能不熟悉小数？何况，按照数学逻辑，一般是先学小数，再学分数的。难道日本人是先学分数再学小数?

学生们产生混淆是理所当然的。从这个意义上说，学生们回答六分之二就颇具深意了。

〔点评〕由于存在前面的疑问，所以，这里的深意就无从探究和分析了。

根据佐藤老师的判断，倘若分不清分数和小数，那么暂时的困惑是必要的。“两块蛋糕三等分，用分数来表示1人份是多少呢？”正确答案是“三分之一”与“三等分的两块”。

〔点评〕这个答案是正确的。

在这里，元树提出了绝妙的疑问：“如果是六分之二，两块的话，就是六分之四了。这样不就糟了吗？”

〔点评〕元树的表述指代不清楚，应该这样表述——如果一人份是两块蛋糕三等分的六分之二，两块的话，那余下的部分就是六分之四了。由于他的表述指代不明，导致读者不懂，这是正常的，而且，这不是数学知识的理解问题，而是数学语言表达准确性需要训练的问题。由以上分析可以做出肯定性的判断——教师和学生表述不准确的问题很严重。

本节课例给读者阅读造成了思维混乱，其根源在于执教老师用语不准确，课堂学生用语不准确，作者转述表达时用语也不准确。这三个“不准确”几乎使我们无法弄清楚课堂本来的面目。

本节课呈现的结构实际上很简单，就是三步。第一步，讲课之初教师提出问题——两块蛋糕三人分，怎么分？第二步，教师在巡视中将学生的分法提供给全体同学讨论——纵分还是横分；第三步，教师根据学生用分数计数出现的问题，在黑板上画木棒，想形象化地解释分数知识。

对本节课的效果，我不知道其他网友怎么看，直言不讳地说，如果我听这节课，我会对执教老师提出批评。批评主要集中在如下几点。

一是课堂语言指代不明。这一问题几乎导致本节课整体失败。二是教师的课堂设计尤其是引导性问题设计不准，这个问题导致了本节课上师生没有抓住分数知识的实质，而在旁枝末节上浪费了大量的时间。

【白马秋风塞上（K12 教育评论）】

这个课例充分说明了把简单的问题复杂化的后果。我现在终于明白为什么学生怕数学了。

和整数、小数一样，分数也只是数学上的“数”，要结合实际表示物质的多少，还必须与“单位”联系起来。如本课例中的“一人份”就是指“一人分得一份蛋糕的多少”，如果一个蛋糕三个人平分，一人份就是“三分之一块”，两块蛋糕三个人平分，一人份就是“三分之二块”，这里的单位都是“块”。如果我们把两块蛋糕合在一起作为一个单位，比如叫作“叠”，那么第二种情况一人份就是“三分之一叠”。一般我们不说“三分之一两块”，但可以说“两块的三分之一”。事实上，不论多少块蛋糕给三个人平分，每人都是分到三分之一，只要我们假定全部被分的蛋糕为“1”就行。

本课例其实很简单，既不是讲如何三等分，也不是讲分了三分之一还剩三分之二，其实就是讲分数如何与单位结合表示实际物质的量。“三分之二块”蛋糕既可以看作一块蛋糕的三分之二（以一块为单位），也可以看作两块蛋糕的三分之一（以两块为单位）。

以前有一个财主考私塾先生：“家门前的池塘有多少桶水？”私塾先生答曰一桶。财主问何故？私塾先生说：“只要桶与池塘一样大，就是一桶。”（可继续发挥，桶只有池塘一半大就是两桶，桶是池塘的两倍大就是二分之一桶……）

对小学生来说，单位很重要，学物理也要从单位制开始，但有多少老师会重视这点呢？

47. 菅野老师的公开课：《水的膨胀》

为了阅读方便，我还是采取转述的方式。

参加人员：小学五年级学生。

教学实录：

上课后，菅野老师列举了开水沸腾溢出的现象，然后提问："为什么开水沸腾会溢出？"

学生在下面议论，教师坐在学生边上倾听。

有学生小声说："产生的气泡使水溢出来。""是气泡把水挤压出来的。"

教师一边重复上面两句话，一边做实验给学生看。一个烧瓶，用黑纸箱罩着，教师往里面加水，插电加热，准备测量水位和重量的变化。

学生也开始分组做实验。四人一组，每组两套实验器材，也就是两个人一小组。方法是把凉水放到细玻璃试管中，把试管放到开水上，观察水位的变化。学生边做边记笔记，小声讨论。教师穿梭在各组之间，进行"串联"活动。（但佐藤学先生没有具体说明怎么个"串联"法——王晓春注）活动时间约15分钟。

学生观察到加热使水位升高的现象，但归因时，仍然认为"水泡使水位升高"、"水泡把水的表面抬升"。佐藤学先生对此评论道："可见，他们的思考是多么的固执。"

于是教师把学生集中起来，做实验给学生看。用冰水将试管冷却，试管中插入玻璃棒显示水位下降。水沸腾时产生泡沫，但冷却时并不产生泡沫，可见水位的下降与泡沫没有关系。学生们于是放弃了用水泡解释水位上升的原因，认识到水会热胀冷缩。

最后，教师把刚上课时加热的烧瓶外的黑纸箱揭开，学生们看见烧杯中沸腾的水位已经飙升超过了魔法线，但是测定其重量却没有变化。

教师问："烧杯中水位的上升不是水泡造成的吧？"

这时学生已经没有一个认为是水泡造成的了。"水会膨胀"已经成了共识。

佐藤学先生对这堂课的评价是："串联起发现与惊喜的合作探究。"

佐藤学先生说："菅野老师的教学与一般的理科教学有所不同，一般理科教学是设定假说或预想，通过实验并讨论其结果，从而形成'假说—实验—验证'的教学形式。'假说—实验—验证'的方法仅仅是科学探究多样方法中的一种，即便如此，一般的教学都将'假说—实验—验证'看作科学探究的唯一方法，使其在教学中占有主导地位。这种'假说—实验—验证'的主导使教学变得异常单调。而菅野老师课上'实验'的目的不是'验证''假说'，而是通过实验专心观察现象。正因为以仔细观察现象为目的，儿童的学习形式便更加多样而丰富了。"

（参见《教师的挑战——宁静的课堂革命》，第 55—58 页）

2016 年 3 月 4 日

48. 我对《水的膨胀》一课的看法

先来看看晨曦中的陈锡老师的意见。

【晨曦中的陈锡（班主任之友）】

我觉得，这是一节好课，教师首先让学生提出猜想，然后通过实验推翻了学生之前的错误猜想，进而引导学生得出科学的结论。因为得出这个结论的过程异常曲折，学生对这个结论的印象也会异常深刻。更重要的是，学生在这样的实验探究过程中逐渐领悟一些最基本的科学研究方法。

反观周围的很多理科教学，包括我自己的化学教学，为了节省时间，我们经常会急功近利地直接告诉学生一些结论，然后就指导学生用这些结论来解题。结果呢，由于缺乏对于得出这些结论的过程的体验，很多学生根本就不会灵活地运用结论，导致思维越来越僵化。

而这节课非常注重过程，这点值得我们学习。

但是我觉得这节课还是按照“假设—实验—验证”的方式进行的。佐藤学先生说这节课不是按照这样的方式进行，对此我不认同。

2016 年 3 月 7 日

【王晓春读后】

我的基本看法是：菅野老师这个课本身很好，而佐藤学先生对这个课的解释，我有异议。

佐藤学先生说：“菅野老师课上‘实验’的目的不是‘验证’‘假说’，而是通过实验专心观察现象。正因为以仔细观察现象为目的，儿童的学习形式便更加多样而丰富了。”把课堂实验的目的归于培养学生仔细观察的能力，太笼统了。任何实验都有这种目的，不光理科，文科也常常需要培养学生的观察能力，比如写作文，就需要观察。所以实验的目的有两个层面，一个是共性的层面，一个是个性的层面。菅野老师这堂课的实验，固然有培养学生观察能力的教学目的，但这只是共性层面；而在个性层面上，对于“这一课”来说，还应该有具体的教学目的，那就是帮助学生理解水膨胀的原因。共性的教学目的不可以代替个性的教学目的。

我们前面学习的几个案例也有这个问题。佐藤学先生总是把教学目的确定为“倾听”、“合作”，而不谈本课的具体教学目的，愚以为这是把不同层面的教学目的混淆了。我国的很多语文教师也是这样，张口就大谈“以人为本的教学”、“张扬人文精神的教学”、“诗意的教学”等，这都不错，但是不能代替“本课书的教学目标”。本课应该有本课的具体教学目标，包括德育目标和智育目标，也包括具体的知识目标。这是绕不开的问题，不能大而化之。一堂好课，应该通过个性的教学目标的完成，体现共性的教学目标，我理解为这就是哲学上所谓的“共性寓于个性之中”。

这节课的后半堂课，学生为什么改变了原来的错误认识？是由于观察能力提高了吗？是由于“合作探究”吗？都不是。是由于教师设计了新的实验，引起了学生新的思考，他们才放弃了原来的认识。可见，佐藤学先生把“观察”、“串联”、“合作探究”看成这一课最主要的特点，并不准确。依我看这堂课最成功之处在于教师的教学设计。我感觉佐藤学先生介绍案例的时候，总是把这些课往自己的理论上靠，或者说尽量给这些课贴上自己喜欢的标签。这是一个问题。

“这节课非常注重过程”，晨曦中的陈锡老师的看法很中肯。在我国，教师往往更重视结果而不是过程，此种偏颇需要纠正。不过也要防止另一个极端——结果无所谓，过程就是一切。那样，教学过程就成了群聊了，前面我们看到的案例，有的就有这种倾向。菅野老师这堂课没有这个问题。理科因为有严密的知识体系，答案常有唯一性，故不大容易犯这种错误。最麻烦的是语文课，弄不好就信马由缰了。语文课对教师的教学设计能力要求更高一些。

2016年3月7日

【夸克7292（K12班风小论坛）】

《水的膨胀》一课之侧面观

本节科学课和物理有一定的关系，所以我发表一下自己的想法。

第一，课的流程符合学科特点。本节课的流程和国内的差不多，基本上都是教师先列举某一个现象，然后根据现象提问，学生猜想，再设计实验，进行实验验证，得出结论。初中物理中凡是探究性实验都是走这个大流程："提出问题—猜想或假设—实验验证—得出结论。"细化的话则为"提出问题—猜想或假设—设计实验—进行实验—分析论证—评估—交流和合作"。从这节课来看，基本符合大流程。小学五年级的课能够有大流程的展现已经很不错了。

第二，实验设计很好。本节课教师用冷却试管的实验，让学生观察到没有气泡的时候，温度降低会使水的体积减小，而且在这个过程中没有产生气泡，反过来证明水的上升和气泡没有关系。这个实验很精彩。

这个课堂有两个问题值得商榷。

一是在做完冷却试管的实验后，可以增加一个加热水但是不沸腾的实验。因为冷却试管后水位下降说明水"冷缩"，虽然可以反过来推理"热胀"，但是在推理的基础上再直接实验证明就更好了。教师可以让学生加热水，但是不沸腾。可能在加热过程中也会有那么几个气泡，但对整个实验影响不大。只要学生在没有产生气泡的基础上，观察到水在加热后体积有所增加，那么这个环节就更完美了。

二是称重的实验问题更大，教师给水称重的目的可能是证明水量没有增加。可是在这个过程中，教师却没有往这方面做引导和提示。原文的逻辑关系我没有搞清楚，为什么水位飙升超过魔法线且重量无变化就可以直接得出水位的上升“不是水泡造成的”结论？

按我的理解，这个实验的目的应该是在加热过程中水的重量（按物理标准来说应是质量）没有增加，所以说水量没有增加。由此得出的结论是：水位的上升不是由于加热后水量增加造成的。前面否定了气泡的因素，这里再否定水量没有增加，学生很容易得出水膨胀的结论。可是，教师对这个重量没有变化的因素没有正确归因，如果课堂实录完整的话，教师在这个环节可以说出现了错误。

再来看佐藤学教授的评价。

从本节课的实录来看，教师让学生仔细观察实验现象，确实是这节课的亮点。但纵观本节课，我觉得并没有达到佐藤学教授给出的那么高的评价水平。

我之前一直很支持佐藤学教授对几节语文课的评价，因为我觉得培养小学一、二年级学生“用心地听，大胆地说”比学习某一个知识点更重要。但是在这节课上，我这个“支持者”要变成“反对者”，因为这是小学高年级的课堂，而且是一个理科课堂。本节课的教学设计一般，教师在几个关键点没有指导到位，尤其是后面给水称重的引导是个败笔。如果教师能够布置课外作业：让学生自己找出水热胀冷缩的原因，水是不是在任何情况下都能热胀冷缩？这样所达到的教学效果会更好。本节课最大的亮点就是学生获得了如何设计实验来探究自己提出的问题的能力。如果这一点能够坚持下去，学生受益的就不是得到“水热胀冷缩”这个知识点，而是慢慢地培养了分析问题解决问题的能力（怎么学比学什么更重要）。

从心理学的角度看，一个人只会看到他自己想看到的。佐藤学教授可能对“合作学习”、“探究学习”情有独钟（估计和日本国内过去的课堂状况有关），所以在形式上看重得很多（这个问题王老师也多次提到过），然而内容和形式的优化组合并没有怎么涉及。之前王老师批评我有教学方法论倾向，其实我是针对小学低年级的那两堂语文课而言。我的本意还是具体问题具体分析，能够内容形式最优化才是最好的。然而怎样做到最优化就不能有一个统一的标准，而是要根据“教什么、怎么教和学什么、怎么学”的思路来进行具体分析。

结合了几个教学案例发现，大家的争议还是在观察点上。佐藤学教授的观察点主要在课堂里学生的状态上，而我们大部分网友的观察点在课堂的结构和流程上。估计佐藤学教授作为一个非一线教师，没有具体地教过哪一门科目，所以只能以观察学生的状态为主。而牵涉到具体科目，一线教师就习惯观察课堂流程，因为没有现场观摩，感受不到现场的气氛和学生的具体状态，只能分析课堂的结构和过程。所以我们评课的时候，就出现了一个同行不满意的现象：语文老师对语文课不太满意，反而非语文老师觉得不错；物理老师对科学课不满意，反而是其他科老师觉得满意。

究其原因，还是没有办法在现场观摩、感受学生怎样学（学的过程），而只能通过文字看到教师怎样教（教的过程）。

以上感受，不知各位老师是否认同？

49. 石井老师的《陀螺》课中的一个“事件”

下面的文字是从一本台湾出版的佐藤学先生的著作中选出来的，原文照录，但该书原文是繁体字竖排，我改成了简体字横排。

“事件”改变课堂的意义[1]

在上课的过程中碰上“事件”，能促使教师反思自己的课堂方式，有时甚至能完全改变课堂的意义。以下我将以石井顺治老师的语文课堂《陀螺》（作者坪田让治）为例，来深入分析讨论。

名为“陀螺”的短篇小说，描述一对姓小野的夫妇，他们的儿子正太很会打陀螺。在正太过世之后，小野夫妇便把正太用来打陀螺的麻绳珍藏在柜子中。有一天，他们发现麻绳被老鼠咬断了，柜子一隅甚至还躲着幼鼠。小野夫妇内心经过一番拉扯，最后决定把陀螺送给正太的弟弟玩。以《陀螺》为教材的课堂结束后，石井老师读了转学生 M 所写的心得报告，错愕得久久不能自已。这名学生与双亲分开，独自寄宿在儿童福利机构，以下引用原心得报告的其中一小段：“（前略）陀螺虽然是个好东西，老鼠或小野，是好人，好动物啊！小野虽然是好人，正太死了之后，一定会哭。我昨天把之前学校的照片撕掉了。为什么呢？今天上课读到，小野的麻绳被老鼠咬断了，我也自己撕破照片，我觉得我的手上，S 君就在这里。”

在发表感想的课堂中，M 一句话都没有说。在讨论“小野

①佐藤学．学习革命的愿景：学习共同体的设计与实践[M]. 黄郁伦，译．台北：远见天下文化出版股份有限公司，2014：158-163.

夫妇为什么要把陀螺给正太的弟弟玩？”的问题时，学生们纷纷说出意见：“因为麻绳断了，没办法感觉到正太的生命”，或“因为觉得正太的生命已经转移到新生小老鼠的身上”等，甚至也有人提出让石井老师十分讶异的观点：“正太的生命从陀螺转移到小野的胸口了。”整堂课中M不发一语，听着同学们的意见，隔天便写出了上述文章。

让石井老师感到错愕的是文章的后半部。因为在这堂课前几天，M曾经写下另一篇作文，节录如下：“我的桌子上摆着我在K小学的朋友的照片。我特别喜欢的好朋友是S君。来到这个学校后，我每天都会看天空的云，一边看云一边想着S君也在看同一片云。五年级的时候，转到这个学校来，我其实很想哭。每次看到照片，就想到S君跟其他朋友。我好想早点回去。”

M把好朋友S君的照片撕掉，并写下“S君就在我手中”，石井老师读到这一句话时，不禁胸口一震，眼眶盈满泪水，同时也为M的阅读与理解所带来的冲击感到茫然。M领会了故事中小野夫妇看到麻绳断掉之后，终于发现执着于陀螺有多愚笨的感受；也读到了在发现执迷不悟的愚笨后，小野夫妇终于决定放下对正太的执着，借由把陀螺送给弟弟，正式向正太诀别。就是因为这深刻的体会，M也决定用自己的手撕破一直以来珍惜的S君的照片，写下了“S君就在我手中”。

M带来的冲击，颠覆了石井老师对课堂与学生的观点。在了解M对于文章的解读后，石井老师发现，对于文学，对于教育，对于学生，自己竟然什么都不懂。他形容当下的心情：“就像被重重一击。”而这个“事件”更让石井老师课堂原本的脉络产生多道裂痕。

第一道裂痕就是石井老师（教师）与M（学生）之间“教与被教”的关系。在这个事件中，“教师＝教的人、学生＝被教的人”这种制度性关系遭到破坏。事实上，透过这个“事件”，石井老师表示他才真正确认“从孩子身上学习”这句话内在的意义。

第二道裂痕则是，学校体系是如何看待这些被剥夺了生活及历史的学生。即使只是十岁、十一岁的孩子，也可能有着与教师相匹敌的深刻体验，或是与教师截然不同的经历，而有不同的感受或思考方式。这个“事件”后，石井老师记录下：“许多教师轻易地说‘我们要从孩子身上学习’，但透过这个事件，我才得以将这句话内化成自己的一部分。”石井老师开始积极在课堂中导入符合个人学习的方式，因为他从班上的每一个孩子身上发现了一个个独一无二、无可取代的世界。就这样准备好把以“大家”为对象的课堂，转换为与每一个“孩子”对话的课堂。

第三道裂痕则是所谓学校文化的“阅读”系统。在一般学校的文学教育中，讨论的主题都只局限于课文的故事中。小说的课堂也是如此，课本的小说是课本的小说，不可与学生及教师所生存的现实混为一谈。然而，M 的阅读方式推翻了学校文化的封闭性。M 透过阅读《陀螺》一文，同时阅读了自己的现实生活，也在阅读自己现实生活的同时，一并阅读了课文的内容。在阅读中感受自己的存在，这就是让石井老师感到重击的厉害之处。

读过 M 的作文之后，石井老师对于“阅读”的概念出现了极大的翻转。教材内容不是只有一种形式，每一个学生“阅读”后的感受，以及每一个学生透过“阅读”表达出来的现实，都是教材的一部分。教室中的阅读，就是为了让学生体验各种层面的教材内容，也是促进同一教材各层次阅读经验互相结合的机会。

第四道裂痕是石井老师身为教师的自我认同。如前所述，首先“教师＝教的人”认知遭到瓦解，但此“事件”所带来的冲击不只如此，石井老师也与 M 相同，不但经历了以“诀别”

为题的人生转捩点，也直接面对了反省自我成长历史这个重要的主题。就是因为这样，M的文章才会如此撼动石井老师的内心，也因为感受到了与石井老师的感情共鸣，M才会投射出这么戏剧性的阅读。在与M强烈的共鸣当中，石井老师体验了活在制度中的身体（教师），与活在自己人生的身体（老师自己）的分裂，并深刻认知教师的工作生存于这两种身体的间隙中，如果不能在制度中活出自己，便无法与孩子产生连接。

从上述石井老师的实践课例可以看出，教室的“事件”无法预期，看似即将发生却瞬间消逝，而教师与学生相互学习成长的剧本就在那里。教师敞开身心迎向教室中发生的微小“事件”，即准备了学生与教师的学习基础，种下课堂改革出发的可能性。

录完之后，我在想两个问题：一个是，小野夫妇、M和石井老师各自的心理活动是怎样的，相同之处和不同之处是什么。另一个是，如何看待佐藤学先生“四道裂痕”的论述。欢迎各位网友发表意见。

2016年3月9日

50. 我对《陀螺》一课中“事件”的看法

我们先来看看过客 1938 老师的意见。

【过客 1938（K12 班风小论坛）】

我试着就王老师发的这段文字，说一说自己的一些看法，求指教。

先说第一个问题——小野夫妇、M 和石井老师各自的心理活动是怎样的？相同之处和不同之处是什么？

我觉得这其实是一个文本解读方面的问题。不同的读者由于知识和生活背景不大相同，对作品意义的建构也是不大相同的。所以，我们才说文本的意义是多元的，我们需要的是多元解读。但是，我也同意多元解读是有边界的。

如果以上分析不错的话，王老师问故事中的小野夫妇、M 和石井老师各自的心理活动是怎样的？我个人以为这是几个不同层次的问题。

首先，小野夫妇的心理活动，就属于典型的文本解读问题。只要在一定的边界范围之内，多元的理解都是可以的。也就是说，文中的 M 有他的理解，教室里其他同学的理解，如故事中学生们纷纷说出意见：“因为麻绳断了，没办法感觉到正太的生命”，或“因为觉得正太的生命已经转移到新生小老鼠的身上”等，甚至也有人提出让石井老师十分讶异的观点：“正太的生命从陀螺转移到小野的胸口了。”我认为这些理解也是可以的。

其次，M 的心理活动。他对故事的解读和他的行动是带有极其浓厚的个性色彩的，他的解读也是在一定的边界范围之内的合理解读，因为他的行为与《陀螺》这个故事在结构上有许多相似之处。至于他为什么这么做，即他为什么要撕掉 S 君的照片，也属于一个多元解读的问题。

再次，石井老师作为一个读者，读了《陀螺》，也读了 M 的作文，说他被深深地击中了。我个人以为他之所以这样说，是因为他在解读《陀螺》和M的行为的时候，两者之间出现了交集。换句话说，他觉得M的行为准确而清楚地回答了他对《陀螺》的解读，所以，他才感到吃惊，觉得被深深地击中了。至于他对这个故事的解读与M的行为想传递和表达的意义一样不一样，似乎都很难说，只不过是石井老师觉得M的行为准确地传达出了石井老师内心的解读和感受而已。石井老师对于这个故事和M行为的解读是什么，并没有在这篇反思中写出来。他更多的是从教育教学的角度来反思，即他读到了“四道裂痕”。石井老师对于这个故事和M行为的解读，对于我们看文章的人来说，也就成了多元解读。

王老师提出的第一个问题，如果要我回答，我真的找不到一个唯一的答案。我只能说，小野夫妇、M和石井老师都被深深地震撼了，这是相同之处。至于不同之处，真的不知道怎么回答。甚至于我觉得将这三个人放在一起来问心理活动的异同，这个问题本身似乎都有些问题。

再来说说第二个问题——如何看待佐藤学先生“四道裂痕”的论述？

先说第一条“从孩子身上学习”，这个观点没错，我们确实要善于从孩子的身上学习，所谓“三人行，必有我师焉”。但是，我们从孩子的身上学什么呢？或者说，我们从故事中M的行为上学什么呢？M在故事中并没有清晰地、有逻辑地传达出他对《陀螺》的理解，也没有说出他这么做的原因。如前所述，石井老师之所以被震撼，是因为他以为M的行为准确地传达了他的解读。这好像生活中的“误解”一样，人家有没有那个意思还不一定，还没有说出来，而你却一厢情愿地说，他的意思就是我的意思。这不是笑话吗？反之，如果在故事中M用恰当的方法，清晰地分析了故事中小野夫妇这一行为的心理，这大大出乎老师的意料，我们似乎才可以说要向学生学习。如今，M只是做了一个行动，我们就说要向学生学习，这有些不能完全让人信服。

第二条，我最看好的是这一点：“就这样准备好把以‘大家’为对象的课堂，转换为与每一个‘孩子’对话的课堂。”确实，很多时候，我们课堂中的学生是抽象的，是一个整体的形象，缺少个性鲜明的个体形象。如果我们在教学中能关注个体，让每个学生说出自己的理解，这才有真正的对话。否则，大家众口一词，对话还有必要吗？现在的语文考试摧残学生，因为一方面我们在课标中提出多元解读，重视学生的阅读体验，但另一方面却要求标准答案唯一。即使你有不同的理解，也被判错。

对于第三条，我的理解是石井老师似乎在说要将文本与学生的生活关联起来。我觉得这是对的。现在许多学生为什么都喜欢学理科而不太喜欢学文科呢？一个重要的原因就在于他们觉得理科实用，与他们的生活相关，能解决生活中的实际问题。而文科呢？过于虚，与自己似乎没有关系。这其实是一个错觉。越是经典的文本，越在一定程度上能深深击中我们的心灵和生命。所以，石井老师说要将文本与学生的生活关联起来，这一思路无疑是对的。我们目前的语文阅读“系统”确实是有问题的。

第四条，我的理解不是很准确。我觉得石井老师说的颇像《教学勇气——漫步教师心灵》中所说的教师“自我认同”与“自我完整”的问题。石井老师似乎在说，老师要将自己的生活体验和对文本的真实感受融入教学中，或者说，老师在阅读教学中要有自己的见解，要有“干货”。没有自己独到的体验和见解，人云亦云，似乎不是一个好老师。

一孔之见，恳求批评。

2016 年 3 月 12 日

【王晓春读后】

下面说说我的看法。我先说小野夫妇、学生 M 和石井老师与《陀螺》相关的心理活动。

佐藤学先生认为小野夫妇在老鼠咬断了正太用过的打陀螺的麻绳之后把陀螺交给正太的弟弟玩，是因为他们“发现执着于陀螺有多愚笨”，“终于决定放下对正太的执着，借由把陀螺送给弟弟，正式向正太诀别”。这种可能性是有的。但我觉得还有另一种可能性，小野夫妇这么做是为了减轻自己思念正太的心理压力。执着于思念亡人，是很痛苦的，常会有无法摆脱的沉重感。正好老鼠咬断了麻绳，提供了一个契机，使生者可以借此机会通过某种行动（类似仪式）改变原有做法，从而摆脱过分的思念，放下包袱向前看，开始新的生活。这有点像鲁迅说的“为了忘却的纪念”（纪念，是为了忘却）。

学生M为什么学了《陀螺》一课那么受震撼？我想主要是因为他与小野夫妇有类似的心理历程，遇到了类似的心理难题，正在遭受类似的心理煎熬。他来到一个新学校，思念好朋友，可是心里明白自己已经无法回到原来的学校去了，只好看云彩，希望好朋友同时也在看云彩（类似“千里共婵娟”的样子）。而那张好友的照片，就相当于正太的麻绳。麻绳给小野夫妇带来沉重的思想负担，照片也给M带来沉重的思想负担。小野夫妇遇到了一个契机，老鼠来帮忙，咬断了麻绳，减轻了他们的心理负担。可是M不能等到老鼠来帮他咬碎照片，于是他只好自己动手，撕掉照片，放下包袱，开始新生活。至于同时宣布“S君就在我手中”，则和小野夫妇把陀螺送给正太弟弟的做法一样，是保留了一份“不太沉重的思念”。可见，M几乎是完全照搬了小野夫妇的做法。

再说石井老师。这个“事件”对石井老师刺激如此之大，应该也不是偶然的。佐藤学先生说：“石井老师也与M相同，不但经历了以‘诀别’为题的人生转捩点，也直接面对了反省自我成长历史这个重要的主题。”语焉不详，我们没有办法知道石井老师个人和家庭究竟遇到了什么问题，但是可以推测，石井老师大概也遇到了与小野夫妇和学生M类似的生活问题。这就难怪他看到M的作文会热泪盈眶，大受震撼。这是完全可以理解的，所谓“同病相怜”，有类似境遇的人，最容易引发共鸣。这也是完全可以理解的，共鸣是需要条件的，不是无条件的。同样一个电视剧情节，有人看了落泪，有人则不怎么受感动，这一点不新鲜，因为大家个性不同，经历不同，境遇不同。

2016年3月12日

现在谈谈“四道裂痕”问题。

据佐藤学先生说，这第一道裂痕就是，对于石井老师，“教师＝教的人、学生＝被教的人”这种制度性关系遭到破坏，从此他才真正认识“从孩子身上学习”这句话内在的意义。我理解，此事促进了石井老师对于师生平等的深入理解。在此“事件”中，他是切实地而不只是在口头上感觉到了学生和教师一样是活生生的个体，他们和教师一样有喜怒哀乐，有自己的情感生活，体现着人性。石井老师的这个感悟有正面意义。教育者确实容易有意无意地只把学生看成“工作对象”，而非与教师同样的活生生的人，这会造成交流障碍，影响师生关系，降低教学效果。石井老师的这种感悟虽然并无新意，却是好的。

不过我想说明一点：师生平等与各种平等一样，都有特定的含义，不是抽象的，不是绝对的。也就是说，师生无论平等到何种程度，总是教师与学生的那种平等，教师还是教师，学生还是学生，不会是哥们之类的关系。这不是教师非要摆架子，而是教师的社会定位决定的。也就是说，“教师＝教的人、学生＝被教的人”这句话，在已知的学校生活中和可以预见的未来，不能说是全错了。它可以出现“裂痕”，不可以被彻底“颠覆”。这句话朝一个方向走到极端（这是比较常见的，尤其在东方），会变成教师专制主义；朝另一个方向走到极端，会变成迁就主义、放任主义（这是正在兴起的校园现象）。我认为都是应该反对的。

第二道裂痕是，石井老师认识到了每一个孩子身上都有一个独一无二、无可取代的世界。看来他原来没有真切地认识到这一点，他没有想到像M这样一个孩子，竟然有着与教师相匹敌的深刻体验。有鉴于此，他就决定改变自己的教学方法，把以“大家”为对象的课堂，转换为与每一个“孩子”对话的课堂。套用我国教育界近年来流行的话语来说，就是要搞“面向个体的教学”了。

在教学中尊重学生个性，这是很好的思路，我们原来的教学太大拨哄了，太一刀切了，尊重学生个性的教学显然更进步，也会更有效率。但是我对“面向个体的教学”这个口号一直有疑问，石井老师对于这个问题的提法，我也觉得需要推敲。

请问：《陀螺》一文引起学生M的共鸣，进一步引起了石井老师的共鸣，此事是发生在“面向个体的教学”环境中的吗？按石井老师自己的介绍，应该不是，此事发生在石井老师“就像被重重一击”之前或之中。这就可见，出现这种“事件”，与实行某种特定的教学方法未必有必然联系。我的学生曾有不少人说过在我的课上他们受震撼的“事件”，有的源于课文某个情节，有的源于我说的话。这种事其实是很平常的，几乎每个人都经历过。正像看电视剧，某人忽然落泪了，他触景生情，想起了自己的经历或境遇，你能说这是因为那个电视剧采用了“面向个体的教学”了吗？

“每个人都是独一无二的”，这类话近年在我国教育界也已经成了廉价的广告词了，很多人想都不想，人云亦云。请问：小野夫妇、学生M、石井先生这三方面产生的共鸣，是因为他们各自都“独一无二”吗？正相反，恰恰是因为他们的个性或者经历有相似之处，才可能发生共鸣。共鸣的前提恰恰是某种共性，而不是个性。可见，尊重个性是对的，也是一种进步，但不可走极端。事实上，学生与学生之间的共同点一般是大于不同点的，这正是开办学校这种机构的前提。若学生真的每个人都和别人完全不同，班级授课就无法进行了，只能一对一个别教学。一刀切确实不对，但一刀切绝对事出有因，而且包含着某些合理的成分。

教师应该尊重照顾个性，这是没有问题的，而且是应该提倡的，但是教师必须明白，完全做到“面向个体的教学”是不可能的，主观上真想彻底做到这一点，你就会发现，最后你的眼睛只会盯着个别人，而把其他人忽略了。不信你看石井老师的叙述，几乎只剩下M了，那些与《陀螺》课文没有发生强烈共鸣的学生，在一定程度上就被忽视了。班级教学，教师的着眼点一般都应该是“多数学生”，你没有办法同时“面向每一个学生”。

因材施教不是私人定制。

2016年3月13日

第三道裂痕是，石井老师认为“M的阅读方式推翻了学校文化的封闭性。M透过阅读《陀螺》一文，同时阅读了自己的现实生活，也在阅读自己现实生活的同时，一并阅读了课文的内容”。实际上，学生M的阅读方式就是所谓“结合自身实际”的阅读方式。这也不是什么新鲜事。据我所知，我国传统的语文教学方式不反对这种阅读方式，只不过很多教师对“结合自身实际”的范围有所限制，一般希望学生仅在符合课文主题的部分发表感想，而且最好是与作者或教参的观点一致。近些年，我国教师对学生读后感的内容已经很宽容了，学生发言“出圈”，教师也能允许，有的还欢迎。也就是说，阅读的封闭性正日益减少。

但与此同时，阅读的“任意性”，却有发展的苗头。我认为石井老师下面的观点就有可能助长阅读无边界的任意性：“教材内容不是只有一种形式，每一个学生‘阅读’后的感受，以及每一个学生透过‘阅读’表达出来的现实，都是教材的一部分。”这种说法比“一千个人眼中有一千个哈姆雷特”的说法走得更远，等于说，学生读了课文，甭管有什么感想，就都是“教材”的一部分，我认为这不合理。昨天我听广播，说有一个白领，小时候读《红楼梦》，最受感动的是贾宝玉为姐妹们制作胭脂的情节，工作之后，她就辞职专门研究自制化妆品了。这位白领女士当然有权利对《红楼梦》做如此个性化的解读，但是你能说她的解读是《红楼梦》（如果做教材的话）的一部分吗？我说这只能算是“对《红楼梦》的解读之一种”。把读后感看成教材的一部分，从逻辑上说不过去。

我感觉石井老师对阅读的这种解释，太迁就学生的主观随意性了，这有可能给“戏说”甚至“乱说”开辟合法空间。比如一个学生读《西游记》，认为唐僧面对美女那样心如止水肯定不真实（这类观点如今很时髦），于是断定唐僧有一大堆情人，这种解读难道教师也要承认它是“教材的一部分”吗？我觉得这属于对作品的歪曲，应该反对，不能支持。片面强调“在阅读中感受自己的存在”是不行的，阅读的起码要求是先搞清作者说了些什么，要表达什么意思，在此基础上，才谈得到你作为读者的感想。学生当然有权不赞成作者的看法，但是教师不能把学生在阅读中产生的各种联想、浮想、胡思乱想都当成“感受自己的存在”来欢迎，不能仅把教材看作一个话茬儿，拿来给学生侃大山。

2016 年 3 月 16 日

第四道裂痕说的是石井老师的自我认同。这个“事件”使石井老师原有的角色意识动摇了。“石井老师体验了活在制度中的身体（教师），与活在自己人生的身体（老师自己）的分裂，并深刻认知教师的工作生存于这两种身体的间隙中，如果不能在制度中活出自己，便无法与孩子产生连接。”我理解，石井老师原来似乎只觉得自己是一个“教书的人”，类似教书机器，没有活出自我来，没有展现出个性来，这叫作“制度中的身体”。《陀螺》一课的事件，把石井老师的个性和个人经历激活了，石井老师重新“发现”了自我，原来自己和学生 M 一样，是一个活生生的个体。这是“自己人生的身体”，另一个我，更真实的我。石井老师感受到了“自我”的解放，因而欣喜不已，而且认为，只有教师展示了真实的自我，才能与学生真正做到心灵沟通。这就把个人的心理变化延展到教学理念和教学方法上了。

我认为这件事很有意义。传统意义上的教师在学生面前需要有意识地摆出一副教师的架势，在课堂上表现个性是不被鼓励的，怕的是学生认识到“原来老师和我们一样啊”，影响其威信。如此端着架子做老师如同演戏，活得很累，而且确实难以和学生真正沟通，师生关系容易“任务化”。教师在课堂上“活出自我”的口号，从这个角度说，很好。

不过事情还有另一面。教师毕竟是一种职业，职业有职业的规范。可以说教师有两个自我，一个是职业的自我，一个是作为个人的自我。这两个自我都是真实的，然而它们有时候会有矛盾（心理学称之为“角色冲突”），教师需要在两个自我之间找到平衡。比如，我某一天遇到了一件非常倒霉的事情，心情极差，恨不得跟谁打一架发泄发泄才好。我在这种心境中走上讲台，若找个碴儿就把学生大骂一顿，那倒真是“活出了自我”。我能这么做吗？不能。因为我是教师，教师的职业角色不允许我这么做。于是我就只好忍耐，还要面带微笑。这是虚伪吗？很难说。对于“个人的自我”，这可以说是虚伪，但对于“职业的自我”，就是诚实。这就可见，张扬自我，也是有条件、有限度的。

我们现在可以把“四道裂痕”综合起来做个结论了，当然这只是我的一孔之见。

石井老师受到M同学《陀螺》一课读后感的震撼，动摇了自己的一系列固有观念，这无论对于他自己的人生还是教学工作，都有积极的意义，虽然他说“对于文学，对于教育，对于学生，自己竟然什么都不懂”，这有点过头了。

佐藤学先生则是另一种情况。我觉得佐藤学先生作为教育理论工作者，对这个“事件”做了“过度解读”，在几个问题上都走向了另一个极端，或者有走向另一个极端的倾向。

细看佐藤学先生对这个案例的叙述和分析，字里行间都是“自我、自我、自我”。我认为，“自我”觉醒是很好的，“自我”膨胀就不好了。佐藤学先生似乎致力于打通课堂和日常生活，这也很好，但若“通”过火了，以致抹杀了课堂与日常生活的界限，就不对了。

2016年3月17日

51. 涉谷老师的课：《先乘除后加减》

这个案例和佐藤学先生的分析，也是原文照录，只不过原文是繁体字竖排。

……研究分析教室对话过程的卡兹登将教师与学生在教室中的发言，区分为以下三种功能："判断功能"（认知与传达）、"社会功能"（人际关系）、"表现功能"（自我认同与态度表明）。教室中有人发言的时候，不仅说明或传达课堂的内容，透过发言亦能修复教室内的人际关系，甚至表现发言者对于自身存在价值的证明与态度。这三种面向在实际的课堂过程中相互交错，很难区别与分析。以下我举实例说明。

课例：《先乘除后加减》

这堂课是由涉谷昌道老师指导的小学四年级数学课，为了教导学生四则运算先乘除后加减的概念，将主题设定为"让人信赖的收银员"，由学生扮演超市收银员操作计算机。题目是"购买400元的水彩1盒与180元的水彩笔3支，总共多少钱？"如果直接按计算机"400+180×3=？"会出现"1740"元的错误答案。教师希望学生透过发现上述的错误，理解"必须先计算乘法"的意义，同时促进"机械性计算的反思"。

仔细检视涉谷老师所设计与实践的课堂，会发现在认知性、社会性、伦理性三个过程中产生了许多复杂的综合性问题。而课堂与学习就是在解决这些问题的过程中进行的。

首先，从认知性的过程来看，涉谷老师原本希望学生在操作计算机计算"400+180×3"时产生"1740"元的错误答案，再探究错误的原因发现应该要“先乘除后加减”，从而成长为熟知四则运算顺序的“让人信赖的收银员”（熟知计算的人）。然而，过程中发生了两件出乎涉谷老师预料的事件。其一，一位有学习障碍的男学生，由于他遇到每个乘法问题都以加法计算，所以上述问题他也用计算机操作“400+180+180+180”，即得到正确答案“940”元，跳脱出涉谷老师原先希望学生从错误中学习的计划。其二，班上有好几名学生已事先在补习班学到“先乘除”，因此立即发现了计算机的错误而中断思考。透过在课堂中即兴发生的这两个状况，涉谷老师因此提醒学生“以‘大约’的量感进行计算的重要性”及“用其他计算方式再次确认的重要性”，让数学思考的幅度变得更加宽广。像这样的发展，完全是规划课程时所未预料到的结果。

如果从数学性的认知来看，会发现在这堂课中登场的“三种数学”十分有趣。第一种是涉谷老师所设定，并希望学生思考学习的“推理与论证的数学”（真正的数学），旨在透过具体的活动建构数学的意义，并以一贯的理论思考。第二种则是有学习障碍的男学生提出的“日常生活的数学”（直接的数学）。这个“日常生活的数学”，就如男学生所言，并非以计算方式的意义或理论为基础，而是以“大约”的感觉来推测，是土法炼钢，简易、绝不出错的计算方式。第三种则是由已懂得要先算乘法的几位学生提出的“考试数学”（补习班的数学）。这种数学舍弃了数学推论的一贯性，或数学意义（量的意义与技术的意义）的建构，重视背诵能得到正确答案的手续与应用。在涉谷老师这个以“四则运算”为主题的课堂中，出现了以上三种不同文化的数学，因而发展出各自争夺主导权、相互冲突的状况。在教育内容的文化中，这样的困境可说是所有课堂的共通现象。

从社会性过程（人际关系的过程）来看，我们首先注目的是，有学习障碍的男学生与涉谷老师的关系。据说这名学生常在上课中离开座位在教室走动，因此涉谷老师上课前都会烦恼要如何应对这孩子突如其来的行动、如何与他培养关系。不过在这堂数学课中根本不需要烦恼，关键在于课堂一开始，老师向学生说明超市收银员的工作时，这名学生就率先发言说道："我知道怎么当收银员噢！"涉谷老师也随即给予回应及赞许，这名学生与涉谷老师的关系因此得到有趣的开展。因受到赞许而高兴的学生听到每一个题目，都用加法代替乘法来计算，以至答案完全正确，并未掉入老师所设的陷阱中。即使教室中其他的学生都掉入计算机的"陷阱"而得到错误答案，也不改其想法。在这堂课中，这个孩子与教室中其他学生的关系与平常不同，转换为另一种新的关联。

这名学生与教师的关系则进入更复杂的关联。针对这名学生的计算方式及发言，涉谷老师积极赞许"抱持'大约'的量感来计算相当重要"、"不要只用一种方式计算，用别的方式计算也很重要"，借以提醒教室中的其他学生。在这堂课中，这名学生的思考顺利地与其他同学的思考相互交流影响，也就是在尊重思考的多样性下，透过每位学生各自不同的理解，再次深入咀嚼自己的思考。在这种情况下所交织出来的社会性关系，明确指示教室应被重新打造为"相互探究、议论的共同体"。

建立起上述意义与关系的认知性、社会性的过程，同时也是伦理性过程。这里所说的伦理性过程，指的是重新审视自我认同，导向更好的自己的过程。也就是自我的重建。

这名学生之所以热心投入课程的原因就在于，常常陷入危机的自我认同，在这堂课中终于得以伸张，他能够看到自己投入学习的样貌。特别的是，只会加法的他，居然是教室中唯一完全没有算错的人，这样的经验对于他重建原本认知的自我形象，意义极为重大。只是到了课堂尾声，老师的总结变成抽象的说明时，这名学生又回复到平常上课的样子，闭上眼睛，两手做出忍者般的动作，整个人好像处于其他时空。这个例子如实诉说着，所谓的课堂就是激励孩子的自我认同，使其面临自我存在的危机，并促使他们加以重新调整的伦理性过程。

对教师来说也是这样。涉谷老师也在这堂课中赌上自己，挑战放下“资深教师的身段”，不按照计划授课，不以自己的意志控制孩子的学习。其实，涉谷老师在这次挑战之前，曾经在别的学校用同一教材授课，在那堂课中也有学生以加法计算出正确答案，但因为这样会妨碍教师用意与课堂策略，所以当时涉谷老师采取了忽视的应对方式。为了超越自己的界限，涉谷老师再次挑战同一课程。这一次，他希望自己成为能从单方面用自己的思考方式控制学生的教师，蜕变成能与各式各样的孩子相互交流学习的教师。这堂课既是涉谷老师重建自我认同感的实践，也是他改变生存方式的伦理性实践。

在反省的过程中，涉谷老师仍持续进行自我认同的重建。课后涉谷老师观看课堂的影片记录，一方面对自己能即兴对应教室中出乎意料的事件感到高兴，另一方面也重新发现在与学生对应之间，身体的形式化反应。首先是手部的动作，涉谷老师发现，自己在跟学生说话或听取学生意见时，手部只有单调的两个动作，不是双手抱胸，就是交叉放在背后。他希望自己能以更柔软的肢体语言与孩子接触。此外涉谷老师也很在意自己的表情“只有嘴角在笑”，他期许自己是能够在课堂中身心都能完全投入，与学生共同享受学习的教师。从这堂课的进行过程与发生的事件中，即能看出教师省视自我存在的伦理性实践。

这个课例明白显示，课堂的过程除了是认知的实践，透过构成对象（教育内容）的意义，养成特定的概念或意义的连接，同时也是社会的实践，将认知的实践在教室中与教师、同学形成关联；更是伦理的实践，透过反思吟味自己的思考或态度，重建自我认同。所谓教育的实践（课堂与学习），就是“构筑世界（重建认知内容＝与对象世界的对话）”、“构筑同伴（重建人际关系＝与他人的对话）”、“构筑自我（重建自我概念＝与自己的对话）”涵盖这三种对话的复合式实践。①

2016年3月22日

①佐藤学．学习革命的愿景：学习共同体的设计与实践[M]．黄郁伦，译．台北：远见天下文化出版股份有限公司，2014：121-127.

52. 我对《先乘除后加减》一课的看法

佐藤学先生想通过此案例说明一个道理，学科教学不能只是学知识，不能只在认知上做文章，还要借此重建人际关系，重建自我，这是三种“对话”——与对象世界对话，与他人对话，与自我对话。佐藤学先生没有说明三者的权重，好像三个目标是并列的。

如此拓展教学思路，有一定的道理，用中国人的习惯说法就是，不但要教书，而且要育人。但是你会发现，这些本来有道理的想法一旦被夸大，一旦越过某种边界，教师的注意力一旦更多地被后两个目标分走太多，教学就没谱了，甚至连根基都动摇了。

在学科教学中，学习本学科的专门知识，提高这方面的专门能力，才是特有的任务，而人际交往和自我重建则是各个学科的共同任务，非某学科专属。愚以为不应该把共同任务与本学科的专门任务并列，因为它们不在一个层面上。一位数学老师敢说学生的人际交往能力是在他这门课上学会的吗？不敢。语文老师也不敢。但是数学老师就敢说学生的数学知识主要是在他这门课上学会的。其实细想起来，即使把学校各科全加起来，你也不敢说学生的人际交往能力是在“课堂上”学会的，因为课外活动在这方面起的作用未必比课上小，更何况，家庭和社会对学生在人际交往能力和自我认知方面的影响，一般都会比学校大。所以，把后两个任务看得与第一个任务同等重要，学校就过于自我感觉良好了，夸大了课堂教学在培养学生人格方面的作用。

同时，这也加重了教师的负担，弄得教学没有边界了。再有一个负面作用就是，削弱了教学的专业色彩，以致喧宾夺主了，有可能导致教学的泡沫化。数学课之所以称为数学课，首先是因为学生在这里可以学到系统的数学知识，而不是因为学生在这里可以重建人际关系和重建自我。对不对？数学课如果老在人际关系和重建自我上大做文章，它的专业本色就模糊了，甚至“失去自我”了。任何与人打交道的活动都有重建人际关系和重建自我的作用。比如医生，他必须学会与患者对话，否则就处理不好医患关系，他也会在工作中不断认识自我。这都很对，但是作为一个医生，他第一位的任务是给人看病，否则他就不是医生了。

你会发现，这种拓展的思路很容易导致教师对个别学生的特殊关注，工作面收窄，因为特殊学生在所谓“重建人际关系”和“重建自我”方面有更多的文章可做，容易出彩。我引用的佐藤学先生书中的几个案例，差不多都有这个问题。我想这对班级的多数学生未必公平。人的精力是有限的，一堂课才几十分钟，如果班额比较大（在中国，大班额是常态），教师花在多数学生身上的精力就更少了。像这个《先乘除后加减》的课例，文章涉及多数学生的笔墨就很少，到底多数学生的思路是怎样变化的，后来他们有没有掌握“先乘除后加减”的算法，弄懂没弄懂为什么要先乘除后加减，都没有适当的叙述。愚以为，作为数学课，这些其实更重要。

佐藤学先生书中的案例，我已经拜读一些了。这些课大都给我一种“注意力被转移偏多”的感觉。课堂上学生不管有什么想法都受到了尊重，然而知识的尊严、专业的尊严，却没有得到恰当的尊重。数学课如此，语文课更严重，因为数学课毕竟还有一个严密的知识体系管着，语文课文本来就是散装的，更容易天马行空了。我拜读了一些中国语文“名师”的课例，发现不少人高举着“人文教育”的旗帜，卖力挥舞，他们上课的方法，很像佐藤学老师介绍的这些课。其共同特点是：语文能力、语文知识被挤到第二位了，甚至缺席了。据说这样一来，就更“人性”了。那它为什么叫“语文”课？又何必开这么一门课？日本的情况我不清楚，反正中国孩子和成年人的语文水平总体上是持续下降而不是上升，目前可以说已经一塌糊涂了。在这种情况下不加强语文本身的学习，无乃太泡沫乎，太“杠杆”乎！

学者王尚文先生说：

> 请允许我说一句真话，当前的语文世界满目疮痍、惨不忍睹，语病满天飞，电视、报刊、书籍甚至是有的政府文件里的语文问题就像“带状疱疹”一样让人恐怖，我们的语文品质太

糟糕了！对此，语文教学虽然不能负其全责，但也确实难辞其咎。我想，我们能不能从语文品质的角度审视、理解、认识语文教学，把语文教学的主要任务确定为：引导学生去发现、感悟课文美好的语文品质，并且探究其生成的缘由，从而使学生得到启发，以提升自身语言作品的语文品质。

……语文品质是对遣词造句、谋篇布局的要求，最起码的标准是：把语句写通顺，把意思说明白。①

我对王尚文先生的语文教学思想不怎么熟悉，对“语文品质”这个概念也没有研究，但我认为王先生对我国语文情况的判断，对语文教学主要任务的确定，是正确的。

不要让课堂承载过多的东西。

2016 年 3 月 30 日

①颜炼军．王尚文　天地悠悠思无尽 [J]. 教师月刊，2016（3）：42-43.

53. 合作学习与独立思考

前两天见到一位中学校长，她告诉我，“合作学习”是现在北京教育界流行的词汇之一，许多学校在推广佐藤学先生的教学理念。佐藤学先生的书，我已经读过几本了，先生介绍的案例，也分析了一些。这两天我回忆了佐藤学先生的各方面论述，惊奇地发现没有培养学生独立思考的内容，至少我现在想不起来佐藤学先生在什么地方谈过这个问题。可是在我看来，独立思考能力是学习能力的核心。我不大明白为什么佐藤学先生淡化或忽略了这个问题。

佐藤学先生强调倾听，我认为这是对的，然而倾听的前提是“有可听的东西”。

佐藤学先生强调对话，我认为这也是对的，然而对话的前提是“肚子里有话”，就是说你肚子里得有可表达的东西，才谈得上表达。

倾听的质量并不完全决定于倾听的态度。态度很重要，但是被倾听的内容更重要。如果我听到的都是些质量不高的发言，我再认真，也学不到什么东西。

对话也是同样道理。对话的质量，从根本上说，决定于参与对话者肚子里有没有真货色。各种研讨，只要其中有一个真有水平的人，整个讨论质量就会提高；反之，如果大家的水平都一般般，讨论无论怎么热闹，最后那个“集体智慧的结晶”也多半是一种“综合性的陈词滥调”。这是我参加了很多讨论会的经验。

谁都懂得，你要与人谈合作，起码得有点“资本”，不然谁愿与你合作？人家又为什么必须与你合作？

合作学习必须以每个学生独立思考为前提和基础，而且最后要落实到每个人的独立思考上。没有独立思考做前提的小组讨论，难免流于肤浅，甚至浪费时间。因为学习这件事，如果侧重智力方面观察，本质上是个人的事情。你无法用别人的脑袋来思考，别人的发言可以对你有启发，但启发之后，还要由你自己消化，形成自己独特的智力结构。此事绝不是“合作”出来的。

自主学习比合作学习更重要。合作学习应该能促进学生的自主学习，而不是养成对他人智力的依赖。

可是我没有见到佐藤学先生在自主学习方面的论述。

佐藤学先生在《教师的挑战——宁静的课堂革命》序中说：

> 可以毫不夸张地说，除了包括日本在内的东亚国家和地区之外，那种以黑板和讲台为中心、众多儿童整齐划一地排坐的课堂，以学科为中心、让儿童习得教师所传递的知识、技能，然后借助考试来加以评价的教学方式已经进入历史博物馆了。参访欧美诸多国家的课堂，20 名左右的儿童分成四五人的小组围坐在一张课桌边，展开合作学习，教师以课堂学习的设计师或是儿童学习的促进者的姿态展开活动。在这些教室里，教科书是配角，儿童以有探究价值的题目和课题为中心，借助大量的资料和多彩的活动追求着高品质的学习。①

这些话给我的感觉是，这里所说的“四五人的小组围坐在一张课桌边，展开合作学习”将作为教学的基本形式而“一统天下”，其他的教学形式则要进入“历史博物馆”，被淘汰了。

可是我在佐藤学先生的另一本书《学习的革命——从教室出发的改革》中，又看见了下面的话：

> 当教学过程中只有几个学生举手，多数学生浮现出困惑表情的时候，就应当马上组织小组“协同学习”。②

①佐藤学．教师的挑战：宁静的课堂革命 [M]. 钟启泉，陈静静，译．上海：华东师范大学出版社，2012：序 1.

②佐藤学．学习的革命：从教室出发的改革 [M]. 黄郁伦，钟启泉，译．台北：天下杂志股份有限公司，2012：129.

> 还有，在课堂教学进入追求高程度理解的阶段时，也必须组织小组学习。①

这里的“协同学习”，即是“合作学习”。

要是这么说，佐藤学先生所认可的教学方法，除了合作学习之外，应该还有别的方法，必要的时候，才采用合作教学之法。但是这好像就与《教师的挑战——宁静的课堂革命》一书开头的说法有些矛盾了，而且我阅读佐藤学先生介绍的案例，一堂堂课从头到尾用的均是合作学习之法。搞不清这是怎么回事，也许是我的理解能力问题。或许学生的独立思考能力是在没有开展合作学习的那些课堂时间中培养的？不得而知。

2016 年 4 月 3 日

①佐藤学．学习的革命：从教室出发的改革 [M]. 黄郁伦，钟启泉，译．台北：天下杂志股份有限公司，2012：131.

54. 什么是“对话”？

我们先来看佐藤学先生的原话：

> 所谓教育的实践（课堂与学习），就是“构筑世界（重建认知内容＝与对象世界的对话）”、“构筑同伴（重建人际关系＝与他人的对话）”、“构筑自我（重建自我概念＝与自己的对话）”涵盖这三种对话的复合式实践。①

佐藤学先生把教育概括为三种对话：第一种是与“对象世界”的对话；第二种是与“他人”的对话；第三种是与“自己”的对话。

什么是“对话”？对话的本义，说的只是人与人的关系，最初是指人与人“谈话”，后来引申到人与人“接触、商谈、谈判”，都可以算是对话。至于“与对象世界”的对话之类，愚以为应该算是比喻的说法。比如你读一本书，用如今时兴的语言，也可以说成是“与作者对话”，其实这与对话的本义已经有距离了。人与人的对话一般是双方自愿的，而与书本作者的对话，并未经过作者同意，更不用说作者已经不在世的了。这种“对话”实际上剥夺了作者的发言权，其实还不如说成“读后感”更为准确。又比如实践活动，我观察星空，把它说成“与天空对话”；我养小猫，把它说成是“与小猫对话”。这都很有诗意，也显得很深奥，很有文化的样子。其实，我看这无非是把一件本来简单的事情故意弄复杂了，并没有使人们的认识深化。自己与自己的对话，也有比喻的性质，因为要做到自己与自己说话，前提是把我分成两个，如此一个我才能与另一个我对话；若不能分出两个我，只有一个我，那就只有自言自语，谈不上对话了。

---

①佐藤学．学习革命的愿景：学习共同体的设计与实践[M]．黄郁伦，译．台北：远见天下文化出版股份有限公司，2014：127.

在我印象里，这类比喻说法最早出现在文学评论界，可能后来被迁移到教育界来了。还有，“对象世界”、“客观世界”、“书本知识”，这几个概念都有不同的内涵，感觉佐藤学先生在行文中对它们的差别没有说得很清楚，这就容易造成读者认识模糊。书本知识对于学生来说算不算“客观世界”？不清楚。如果说凡是我要认识的事物都算“对象世界”，那么不只书本，不只周围事物，周围同学和老师也应该算是“对象世界”吧？总之，谈论教育最好少用学术词语，非用不可也应该先把概念界定清楚，否则，你不说我还明白，你越说我越糊涂。

2016 年 4 月 11 日

55. 什么是“学习”？

先来看看佐藤学先生的定义：

> 我将“学习”定义为，透过与事物的相遇与对话——构筑世界；与他人的相遇与对话——构筑同伴；与自己的相遇与对话——构筑自我，实行三位一体“关系与意义不断编织”的永续过程。①

然后看看我国教育专业人员的传统观点：

> 学习有广义和狭义之分，可分为四个层次。
>
> 最广义的学习是动物和人在生活过程中获得个体行为经验的过程。简单地说即条件反射的建立。
>
> 高一级的指人类的学习，是一种自觉的、积极的、主动的过程。除获得个体经验外，还要掌握社会历史经验。
>
> 再有指学生的学习，在教育系统中，学生接受教师所传递的前人经验，形成能力和品德的过程。
>
> 最狭义的学习指知识、技能的获得与形成。②
>
> （以上原文均在一个自然段内，为了阅读方便，我把它们分成了5个自然段——王晓春注）

再看看“学习”这个词的通常意义，《现代汉语词典》（第6版）做出

---

①佐藤学．学习的革命：从教室出发的改革[M]．黄郁伦，钟启泉，译．台北：天下杂志股份有限公司，2012：58.

②王焕勋．实用教育大词典[M]．北京：北京师范大学出版社，1995：560.

如下定义："学习：(1) 从阅读、听讲、研究、实践中获得知识或技能；(2) 效法。"

比较上述三种定义，愚以为佐藤学先生的提法值得商榷。"学习"这个词的含义，在佐藤学先生那里，被泛化了，同时又被窄化了。

为什么说是泛化了呢？因为很显然，要做到佐藤学先生所说的三个"相遇"、三个"对话"，无须进校园，任何人在校园之外的任何地方，都可以"构筑世界、构筑同伴、构筑自我"，比如大妈们在公园里跳广场舞，就完全可以同时做到这三个"对话"，也就符合了佐藤学先生"学习"的定义。这当然也算学习，但并非"学生的学习"，而属于广义的学习。然而佐藤学先生讨论的是"从教室出发的改革"，校园里面的"静悄悄的革命"，如此给"学习"下定义，等于给一个小脑瓜戴了一顶大帽子。在学校尚未取消、教室尚未停用的今天，佐藤学先生应该给学生在校园里的学习、教室里的学习下一个更准确的、狭义的定义才是。据我看，把学习的含义泛化，是当今一种世界性的通病，甚至形成了一种思维方式。比如现在人们谈到学科教学，一张口就是"人文精神"，殊不知培养人文精神是所有学科的共同任务，不能以此替代和挤压具体学科的具体教学目标。话，不是说得越大越好，"政治正确"不能代替专业探讨。

为什么我又说是窄化了呢？因为佐藤学先生所说的对话，是一种具体的教学方式或者认识方式，把学习这么大的事情归结为一种具体的学习方式，显然是窄化了。事实上学习绝不止对话这样一种方式，接受性学习(例如背诵)，独处的思考，甚至冥想（逍遥游)，其重要性一点也不低于佐藤学先生所说的"对话"。把某种学习方式绝对化成标准答案，即使单从教学方法或学习方法的角度看，也已经是窄化了，更何况还把它上升到整个学习的层面、作为学习的定义来处理呢！

学习不但有一个"怎么学"的问题，还有一个"学什么"的问题。我注意到《实用教育大词典》和《现代汉语词典》关于学习的定义，都谈到了学习的内容（经验、品德、能力、知识、技能)，而佐藤学先生对学习的定义，绝口不谈"学什么"，只在学习方法（对话）上做文章。这样给学习下定义合适吗？前面我们学习过佐藤学先生书中很多案例，发现果然佐藤学先生注意力的重点不在于“学什么”，而在于“怎么学”。佐藤学先生很少提到教学大纲、课程标准，对教学目标也不在意。在佐藤学先生看来，一堂课，只要学生纷纷在那里“对话”，就是好课了。这种导向是否正确，长远看会导致何种结果，我有疑问。

2016 年 4 月 14 日

56. 当心非此即彼的思维方式

佐藤学先生以下这些话，给我印象最深的是非此即彼、肯定一个必须否定另一个的思维方式。这种思维方式很西方。

> 为了克服从学习中逃走的危机，绝对有必要将“勉强”转换为“学习”……即便是拒绝并讨厌学习的孩子，其实都渴望学习，在上课方式及内容改革后，可以看见他们在教室学习的情形。如同东亚型教育的终结，所有“勉强”的时代也已经结束。①
>
> “勉强”一词其意义相当深远。
>
> 在日文中，“勉强”一词原只有“无理使对方做某事”或“非常无理的事”两种含义；如果买卖中用“勉强”一词，有“不能再便宜了”的含义，除此之外并无任何关于读书的意思。中文也是如此。
>
> 一八八七年（明治二十年）左右，日文才将“学习”的意义纳入“勉强”，那是因为明治维新向欧美文化一边倒，其学校或考试的学习因有“无理之事”的意味，因而开始使用“勉强”一词。而不知何时，“无理”也逐渐变成理所当然，形成以“勉强”为象征的日本学校文化。②
>
> （这本书第65页的注解中说：“日文中‘勉强’意为用功读书”。但我不知道这个注解是作者原注，还是译者加的。——王晓春注）

①佐藤学．学习的革命：从教室出发的改革[M]. 黄郁伦，钟启泉，译．台北：天下杂志股份有限公司，2012：55-56.

②佐藤学．学习的革命：从教室出发的改革[M]. 黄郁伦，钟启泉，译．台北：天下杂志股份有限公司，2012：58.

> 对我而言，“勉强”与“学习”的相异点，在于有无“相遇与对话”。在“勉强”中，不会遇见任何新事物也不会与任何人交谈；相反的，“学习”是经营与人、事、物的相遇与对话，也是与他人思考或情感的相遇与对话，更是与自我的相遇与对话。①
>
> 如同弗莱勒所主张，“从传达到对话”的转换有绝对的必要。也就是从注重获得累积知识技能的“勉强”，转换为以发言或作品表现自我思考，并与同伴分享及品味，追求实现“反思式学习”。“学习”是透过相遇与对话，实践“构筑世界”、“构筑同伴”与“构筑自我”。从“勉强”到“学习”的转换。则可借由实现教室中“活动式学习、协同学习、反思式学习”得到具体化实践。②

用功读书（即佐藤学先生所谓“勉强”）不算学习，只有“相遇与对话”才算学习，是不是太绝对了？用功读书就“不会遇见任何新事物也不会与任何人交谈”了吗？显然不是这样。事实上作为学生，大量的新事物和新观点都是从书本上得来的（这是前人知识和经验的积累），这些东西至少对于他而言属于“新事物”。我们可以比较一下，一个不会读书的文盲和一个用功读书的人相比，哪一个“遇见新事物”更多？恐怕还是读书人更多吧？用功读书未必算是“对话”，但是可以算“相遇”吧，可以算“倾听”吧，这种学习方式的重要性是难以否定的。事实上任何学习方式都只能在联系中进行。人的一生非常短暂，而人类知识积累了几千年，浩如烟海，要掌握这些东西，最经济的办法是读书，读书其实是最凝练的一种“相遇”。比如成语，你用十年的工夫与人交谈，可能不如用一年的时间读书学到的成语更多，如果你接触的人群语言素养不高，就更是这样

①佐藤学．学习的革命：从教室出发的改革[M]．黄郁伦，钟启泉，译．台北：天下杂志股份有限公司，2012：58.

②佐藤学．学习的革命：从教室出发的改革[M]．黄郁伦，钟启泉，译．台北：天下杂志股份有限公司，2012：61.

了。可见，读书比起亲身实践来，虽然有缺陷，但也有无可替代的优点。

佐藤学先生主张“对话”，竭力反对“传达”式的学习，把这二者对立起来。愚以为，对话交流是要以传达为基础的。学生之间对话总要用些词汇，总要形成语言，总要涉及一些最基础的知识，这些前期准备都是通过对话得来的吗？不大可能。事实上许多东西都是通过“传达”学来的，甚至是通过灌输得来的。我们生活中的大量知识都没有必要通过对话获得，只要有人传达给我们就行了。横向的合作学习与纵向的信息传递，都是人生不可缺少的，而究竟我们从哪种手段中学到的东西更多，还很难说，互助学习未必是多数人学习的主要方式。就我个人来说，我一生独立学习学到的东西远远超过与人讨论学到的东西，如果我没有独立的见解（至少有独立见解的萌芽），参加讨论又有多大益处？

佐藤学先生所谓的“从‘学习’中逃走”[①]，我国称之为厌学。厌学的原因很复杂，佐藤学先生的论述给人的印象则是，这完全是或者主要是“用功读书”的学习方法造成的，而一旦改成了合作学习，课堂上学生总是“发言”和“表现自我”，学生就不会厌学了。愚以为事情远没有这样简单。把课堂变成聊天平台，多数学生肯定会很乐意，因为这很轻松，于是从现象上看，学生可能不厌学了，但是，教学目标达到了吗？有人可能会说，你这个教学目标是错的。那什么目标是正确的？课堂上热闹就是目标？这不是把手段当成目标、取消了教学目标吗！

佐藤学先生特别主张学生上课要发言，要努力表现自我，要拿出“作品”。如果以商品进出口做比喻，可以说佐藤学先生更注重出口，可是我要问的是，学生肚子里有货色吗？有拿得出口的“产品”吗？在我看来，此事远比发言写作品重要。学习这件事，总体上是一个吸收和消化的过程，进口恐怕比出口更重要。换一个比喻，学生上课发言也好，表现自我也好，都主要是一个“消费”的过程，而吸收和消化有关的知识经验，则属于“供给侧”，供给侧其实比消费侧更重要。佐藤学先生的思路有点像

①佐藤学．学习的革命：从教室出发的改革 [M]. 黄郁伦，钟启泉，译．台北：天下杂志股份有限公司，2012：61.

“以消费带动供给”。这当然也是一个办法，我为了发言出彩，为了写出作品，就要努力点学东西。但是，为了发言而学习，为了表现自我而学习，本质上与为了考试而学习没有多大差别。学习的根本目的，就个人来说，是为了改变自我，提升自身素质，而不是为了把自我表现给别人看。而真正想提升自我，与人讨论未必是主要方式，这一点我们看看伟人和著名学者的传记就知道了。欲学点东西，首先想到的是赶紧找几个人来讨论，孩子们如果在学校里养成如此的学习习惯，可不是好事情。这倒更像微信上常见的风景，动不动就“分享”，分享来分享去，就只那点货色，不久自己也烦了。彼时出现的“厌学”，更难治疗了。我很担心过分强调所谓“合作学习”会给学生带来浮躁和肤浅，久而久之变成无聊。

合作学习确有优点，不妨一试，但愚以为在提倡合作学习的时候，不应把其他教学方式和学习方式完全否定，不要轻率地搞“革命”，要允许和鼓励教师独立思考，因时因地因人制宜。关于教育改革，翻烙饼的教训不少了。

佐藤学先生教学思想的学习笔记，就先写到这里吧。

2016 年 4 月 16 日

大约六年前，我在拙著《语文课如何是好》一书中讨论过教学方法问题，转录于此。可供参考，也可以看出我当时的认识水平。

六种教学方式[①]

我先概括地讲一般的教学方式，然后再谈语文课具体的教学方法。

无论什么样的教育教学思想，都得找到适当的操作方式才能实现，否则就是纸上谈兵，所以，说到教学问题，不可避免地

①王晓春．语文课如何是好 [M]．北京：中国轻工业出版社，2010：110-125.

要涉及“教学模式”。我们一方面要看到，教育思想的转变必然带来教学模式的变革，另一方面也要看到，教学模式的变化也可以促进教育思想的转变。我们不能等到大家的教育思想都转变完毕，再去变革教学模式，我们完全可以一边转变观念，一边实验新的教学模式。

然而一谈到教学模式，许多人都很反感，因为大家都知道“教无定法”，用一个教学模式把教师框起来，统一起来，确实不明智。再有，如今“教学模式”也未免太多太滥了，有些人动不动就发明一种模式，搞出大量新名词，或者什么“三课型”、“四课型”、“五课型”教学法，弄得我们似乎面对一个充满创造性的局面，眼花缭乱。可是，这些推广新模式的文章，往往孤立地介绍这种模式怎么怎么好，却不谈它与原来教学模式的关系，是代替，是增加，还是改进？不清楚。有些教学模式给人的感觉是唯一正确的，然而在实践中用这一种办法只能解决部分教学问题，说明它不是唯一正确的。还有些介绍新教学模式的文章不谈此种模式的适用范围和适用情境，好像谁都可以用，什么时候都可以用。其实这类“放之四海而皆准”的教学模式是根本不存在的，难怪它推广不开。还有些教学模式设计得太过具体，没有给采用者留下创造性发挥的空间。而相当多的教学模式都是从建模者的主观愿望或者从知识体系出发的，从学习者的角度考虑问题非常不够，属于“目中无人”或“目无全人”的模式。

有鉴于此，我们对“教学模式”，最好保持一种平常心，最好全面地看待它。

不要把教学模式看成某种怪异的、神秘的东西，好像武侠小说里的“拳经”、“剑谱”一样，学会了就能称霸武林，无敌天下。没有这种事情。教学模式不是一成不变的套路，不是机械的流水线，不是灵丹妙药，而只是一个思路，一个大致的方式。

也不要把教学模式看作某种外加的东西。其实只要你是个教师，你就必定会采用某种或某几种教学方式，不管你在主观上是否意识到这一点。比如千百年来，教师最经常采用的教学方式是“我讲你听，我问你答”，他们也许连“教学模式”这个词都不知道。可见，教学模式其实就是教师这个职业的一种工作方式或者生活方式而已。

但也不要认为教学模式是无所谓的事情。若以为仁者见仁，智者见智，大家彼此彼此，谁也比谁强不到哪里去，这样认识也是不对的，因为不同的模式，确实反映了不同的教育理念，反映了不同的生活方式和生活态度。教学模式有高有低，有新有旧。在社会生活发生巨大变革的今天，教学模式不可能不发生重大变化。你不能想象全面坚持“我说你听”的传统教学方式能实施素质教育，甭说素质教育，这种教学模式连单纯应试现在都有些招架不住了，因为学生正越来越激烈地用“厌学”、“不学”来抵抗，你不变行吗?

但也不要认为现在需要一场教学模式的“革命”。“革命”这个词用在教育方面，要极其谨慎，因为教育需要连续性和稳定性，孩子们没有那么多“命”让你去“革”，事实上也并没有一种教学方法是绝对“反动”的，需要打倒的。想用一种“新”方法彻底取代旧方法，从而形成“改朝换代”式的新的一刀切的“大一统”模式，是很不妥当的，很封建的，也是行不通的。教学模式要多元化，每个教师都要掌握多种教学模式，以适应不同的教学任务和不同的学生。然而，在素质教育的时代，教学模式的主旋律确实应该与传统教学有明显的区别，它更开放，更人性化，更强调学习者的主体地位，更强调师生的互动，这个改革方向是要坚持的，否则连续性和稳定性就会变成保守性。

下面，我提出一些未来可能流行的教学方式，供老师们参考。我故意用“方式”而不用“模式”一词，是因为我对铸模式、拷贝式的思维方式颇有戒心。

1. 课题式

在我国，这是一种比较新的教学方式，大家对此还比较生疏，目前很少有人采用，但它是极有前途的一种教学方式。

这种方式，也称作“探究式学习”、“研究学习”、“任务式教学”、“主题教学”，等等。具体做法一般是确定一个生活中的实际问题，教师组织学生设计解决此问题的方案，搜集资料，进行研究，写出论文，并解决这个问题。说得通俗一点，实际上这是把培养研究生的思路用到基础教育中，或者说从小就把每个孩子当成科学家来培养，让每个孩子早早地找到做研究者、发现者和创造者的感觉。

这里有一个例子，是一位家长借鉴国外的经验搞的。她让上小学二年级的女儿搞“科学研究”，下面是二年级小女孩（她妈妈是我的朋友）写的“科研报告”。

研究报告

报告人：王君照

一、研究课题：海水为什么是咸的？

1. 我在广西北海玩的时候，常常到海里游泳，尝过海水，所以知道它是咸的。

2. 在北京海洋馆的触摸池那儿，当我摸完海星后，吮了一下手指，也是咸的。

3. 因为以上两个原因，我知道海水同我们平常喝的水不一样，但是我想知道，海水为什么是咸的？

二、研究途径和方法

1. 问家长。

2. 去图书馆查资料。

3. 在家里做实验。

三、研究过程

1. 问家长。

（1）家长只知道我们平常喝的水是江、河、湖里的水，这些

水都是淡水，但不知道海水为什么是咸的。（这位母亲故意这样说——王晓春注）

（2）家长提出建议，让我看关于海洋及气象方面的图书。

2. 去图书馆查资料。

（1）在图书馆查阅了《中国少年儿童百科全书（自然·环境卷）》《儿童百科全书》《十万个为什么》的地球科学分册；

（2）阅读了《我想知道海水为什么是咸的》和《奇妙的天气》这两本书的全部内容。

3. 在家里做实验（注意：本实验必须同家长一起做）。

（1）准备一些盐、一口锅、盛满水的瓶子和一个有火的炉子。

（2）盐代表岩石中的盐；瓶子里的水代表天下的雨；锅代表海；炉子里的火代表太阳。

（3）把盐放在盛满水的瓶子里，表示天下雨了，雨水把岩石里的盐冲到了河里，此时瓶子里的淡盐水代表的是河水。

（4）把瓶子里的淡盐水倒进锅里，表示河水流到了海里。

（5）再把盛有淡盐水的锅放到火上，等水开后，拿一个凉锅盖盖在开水锅上，过一会儿打开锅盖，就会发现锅盖上有许多小水珠。用手指蘸一蘸小水珠，再尝一尝，会发现味道是淡的。这表示太阳把海水里的水晒得蒸发了，变成水蒸气，飘到天上变成云，云遇冷后又会变成雨下到陆地上，而大部分的盐分却都留在了海里。

四、研究结论

陆地上的岩石里有盐，下雨时，雨水把岩石里的盐冲到了江、河、湖里，江、河、湖里的水又流进了大海，这些水就这样把盐带到了海里。在阳光的照射下，海里的水蒸发到天上变成云，云遇冷后又会变成雨，再下到陆地上。可是海里的盐并没有蒸发到天上，而是留在了海里。就这样周而复始地不断重复，海水里的盐就不断增加，经过上亿年的时间，海里的盐越来越多，海水就变咸了。

综上所述：

结论一，海里有很多盐，所以海水是咸的。

结论二，江水、河水和湖水里都有盐，只是盐很少，我们尝不出来咸味，所以我们认为这些水是淡水。

结论三，同样道理，不是所有的湖水都是淡水，那些没有出海口的内陆湖水也是咸的。我们平常所喝的湖水不是内陆湖水，所以是淡水。

附录（所有资料都在石景山区少年儿童图书馆查阅）：

《中国少年儿童百科全书（自然·环境卷）》P179 的“水的循环”一节，浙江教育出版社。

《儿童百科全书》P2-P103，湖南少年儿童出版社。

《十万个为什么（新世纪版）》地球科学分册，少年儿童出版社。

《我想知道海水为什么是咸的》，浙江少年儿童出版社。

《奇妙的天气》，吉林摄影出版社。

2001 年 2 月 8 日

这孩子的同班同学中有不少人都在家长的帮助下写出了这样的小论文。小学二年级的孩子都能用此种方法学习，何况大一点的孩子？我们可以想象，如果孩子们从小都受过这样的教育，他们长大以后，在分析问题解决问题的时候，就不大可能写出云山雾罩一般的抒情散文了。他们会用平实的、逻辑的语言思考问题和写作文。

这种学习方式最大的好处是，有利于培养孩子的自主性、科学精神和创造性。过去我们许多人都有一种迷信，认为小孩子的任务只是学习基础知识和基本技能，打好基础，长大了才能去研究和创造。我们只知道知识和技能是基础，不知道还有更重要的基础，就是主体性的心理基础、科学精神的基础、研究态度的基础，这些基础的奠定必须和基础知识、基本技能的培养同时进行，不可偏废，否则就可能在加强基础知识、基本技能教学的同时造就了孩子的被动人格、复制型思维方式，严重阻碍他们的创造性，影响他们的可持续发展。这种可怕的副作用目前在我国基础教育中普遍存在。

课题式的学习方式还有一个好处是，避免了直接学习基础知识和基本技能的枯燥性，调动了孩子学习的内驱力，实际上反而提高了基础知识、基本技能的学习效率。我们看上面这个王君照小朋友的“研究报告”，这里面涉及多少基础知识和基本技能？光靠她语文课本和自然课本上学的那点东西够用吗？绝对不够。搞这个“研究报告”，孩子看资料时，有些字她不认识；写报告时，有些字她不会写，毕竟她只是小学二年级学生，但是她连蒙带猜，东问西问，还是把这个课题搞下来了，同时她也就扩大了基础知识面，增强了基本技能。可见“双基”教学也并不是只有传统的“按部就班，日积月累”一条路可走，用课题的方式学习“双基”，也是一条可行之路。

课题式教学操作起来最大的困难是，如何与教学要求相协调。课题式教学方法是以学生的活动为主线的，而课本的编写是以该学科的知识体系为主线的，二者可能相交，也可能平行。学生在完成课题任务时，他所需要的知识可能与他本学期的学科教学目标不一致，在许多地方会超出，在另一些地方则可能没有涉及。这样，你搞完几个课题之后会发现，虽然学生实际能力确实大有长进，但是本学期的教学任务并没有如数完成，却可能学到了明年后年的东西，又都不成系统，那么考试可怎么办？

解决这个问题，最理想的情况是，教师一个学期设计的几个课题，基本能覆盖本学期的教学目标。这就是前面说过的明暗两条线。明线是学生的活动，是课题；暗线是课本的教学要求，最后课题也完成了，教学任务也超额完成了。这种理想状态实现的可能性不大，因为这对教师的策划能力要求极高，文科还稍好办一点，理科就非常困难。我想，不能要求用课题式的教学方法完成所有的教学任务，能完成多少就完成多少，剩下的部分，可以用其他方式去做。

课题式的教学方法在整个教学活动中占多大比例为好呢？这得看教师的水平和教材情况，例如刚开始，一个学期搞一个课题，占两周左右时间就行了，以后可以逐渐增加比例，但是整学期整学年地完全采用此种教学方式，恐怕是不现实的。

2. 自学式

在未来的教学方式中，如果说课题式是最新颖的，那么自学式可能就是最重要的。我们现在教学方式的主流还是“我说你听”，当教学方式的主流变成“你学我帮”（以自学为主）的时候，我们就可以说，素质教育已经走进课堂了。

其实课题式的学习也是自学。自学式学习中的“自学”与课题式学习中的“自学”的区别就在于，自学式学习所学的题目是课内的，而课题式学习的题目常常是课外的、生活中的。

自学式学习并不是撒手让学生自己看课本。教师需要给出一定的教学目标，把教学内容分解成一连串的系统的小任务，安排给小组或者个人去完成。所以，在一定意义上可以说自学式的学习其实也是一种课题式学习，只不过其课题是课内的、题目相对比较小、综合性较差、不跨学科而已。

教师除了安排任务之外，还要给学生提供资料，要告诉学生到哪里去找相关资料，要指导学生学习方法，在整个自学过程中随时加以辅导和指点，但是绝对不从头讲到尾。自学式的学习，要求教师把自己的语言压缩到最低限度，只说学生想问的东西。我到珠海某中学去参观，那里的实验班用电脑上课，学生在电脑上查资料自学，学校限定老师每堂课说话的时间不得超过 5 分钟，把老师憋得满屋子转，因为他们讲惯了，不讲难受。后来老师总算逐渐适应了，发现学生的学习效果比老师讲要强，这才服气。自学式的教学方式，其学习成果既可以是小论文，也可以是课件，还可以是教师布置的作业。自学必须有适当的办法检验学习成果，不能放任自流。

采用自学式教学方式首先要转变教师观念。教师不要以为自己不讲，学生就不会，不要只相信自己，不相信学生。教师必须认识到，自己不是知识的源泉，在信息时代，学生完全可能在许多方面知道的比教师多。教师的角色，已不再是传统意义上的“传道授业解惑”者，而只是一个学习者、组织者、指导者、帮助者。老想教导学生是不行的。珠海这个中学的领导告诉我们，那里的老师刚开始也是放不下架子，后来他们发现学生掌握电脑的速度和水平远远超过老师，自己在家里偷偷开夜车也赶不上学生，只好经常向学生请教，于是形成了师生互动，能者为师的局面，结果大家进步都很快。

还有一个问题是，有些学生自学能力差，学不会，怎么办？在一个班里，总会有这样的学生。解决的办法，一是对这些人适当降低标准，搞分层次目标；二是给他们多一点辅导；三是把他们放到小组中去，让其他同学带一带。其实这种分化，即使是用传统的讲解方式，也是难免的，分化并不一定是自学方式本身造成的。

自学教学法古已有之，许多教师都曾使用，也有许多经验。但是我们这里说的自学和一般老师心目中的自学是有区别的。一般老师心目中的自学是，教材不动，教学目标（按教参规定）不动，只是把原来老师要讲的东西下放给学生自己看书而已，老师几乎没有策划和创新的任务。这是不够的。我们所说的自学式的教学方法，要求教师有很强的策划能力，因为教师给学生确定的学习任务并不等于传统的教学参考资料规定的每堂课的教学目标和什么“知识点”，不是一课一课地考虑问题，而是从一个单元、一个学期甚至一个学年的教材整体出发，可能打乱教材原来的顺序，重新组织和编排，根据学生的实际情况，找到新的切入点。

从某种意义上说，教师是根据课本自己重编教材，进行创造性的演绎，再也不是简单的照本宣科了。而学生也绝不是仅仅看课本，他们要检索许多资料，课本只不过是学生阅读的主要文献之一而已，课本唯我独尊的地位不存在了。

我们可以看出，无论是课题式教学法还是自学式教学法，前提都是教师的创造性。教师没有创新能力，没有策划能力，单纯做一个执行者，那是无法实行这两种教学方法的。所以，教学方法并不是谁拿来都能用的，有些教学方法需要教师有相当的专业素质。越是新型的教学方法，对教师的创造性要求越高。很多教师希望上级告诉他一种教学法，他拿来就能用，像买个洗衣机一样，这种想法是很幼稚的。教师素质乃教学方法之本。

3. 讨论式

近些年，讨论成了时髦的教学方法。我们听公开课，总能看到这样的镜头，老师讲着讲着，提出个问题，让学生分组讨论，然后在全班发言，很是热闹。比起教师一言堂来，这当然是一种进步。但是据我观察，这样的讨论通常有以下几个问题。

这种讨论的目的往往是把教师想说的话让学生说出来，就整堂课的教学思路来看，还是灌输式的。换句话说，取消这个讨论，并不影响总的教学目标。所以这种讨论只是一种点缀，一种故意安排的形式，而不是真正出于学习者的内心需要。

所讨论的问题往往是教师向学生提出的，而不是学生真正想问的。学生是为了回答而讨论，不是为了解决自己的真实疑问而讨论。整个讨论有点像集体口试，缺乏研究和探讨色彩。

这种讨论是封闭的而不是开放的，有标准答案。一旦学生说出标准答案，讨论即告完成。

在这种讨论中，教师不像个学习者，而像个裁判。教师好像对所讨论的问题一概成竹在胸，所讨论的问题对他来说不是真问题，而只是明知故问。既然不是师生共同学习，教师本人在讨论过程中也难以表现出研究和探讨的精神，他的精力都用在管理和评价学生方面了。

因此，我觉得，课堂讨论应该注意以下几个问题。

（1）需要讨论再讨论，不需要讨论就不要讨论。

就是说，讨论这种教学方式最好事先不要定得太死，有时候可以临时决定组织讨论，有时候可以取消事先准备的讨论，全看学生有没有需要，讨论有没有实效。

（2）有不同意见再讨论，没有不同意见就不要讨论。

有不同的意见，才需要交流。讨论是为了听到不同的声音，以便互相启发，若众口一词，那就不是讨论，而变成表态了。教师发现学生对一个问题有不同的见解或不同思路的时候，组织讨论，效果较好，意见的反差越大，越容易激起学生兴趣。若大家看法相似，组织讨论，实际上就不能提供多少新信息，会浪费很多宝贵的教学时间，不如干点别的。

（3）有真问题再讨论，没有真问题别讨论。

所谓真问题，指的是学生确实不明白而且想弄明白的问题，他发言是为了满足自己的求知欲，而不是为了讨教师的喜欢或者应付考试。也就是说，真问题是学生自主发现的问题，而不是教师布置的问题。当然，如果教师布置的问题恰好是学生想知道的，那更好，那说明教师教学水平高，了解学生。若做不到这一点，教师在讨论时宁可在一定程度上“跟着学生跑”，让学生议论他们真感兴趣的问题，只要离题不太远就可以。有时候即使离题远了，教师也不要急于刹车，因为这种讨论虽然不会立即带来本章本节的具体收获，但是对学生的可持续发展很有利，能锻炼他们的思维能力、表达能力，提高他们的学习兴趣。所谓真问题，还包括教师自己的问题。我讲公开课的时候，就曾经把自己确实有疑问的地方开诚布公地向学生提出，而且请教学生。学生很兴奋，效果非常好；但我这不是故作谦虚，我只是觉得我也是个学习者，心有所触，自然发问，如此而已。

通常，讨论是一种辅助的教学方式。在课题式的教学中、自学式的教学中、讲解式的教学中，遇到比较集中的问题，都可以用讨论的办法加以解决。那么，可不可以用讨论法独立上新课呢？也不一定不行，我自己就实验过。那有点像对话课，大家聊天一样，就把新课上下来了。但教师千万注意说话不要太多，否则他的发言就会占领课堂，又不成讨论了。

4. 讲解式

前面谈到的课题式、自学式、讨论式教学方法，并不一定能解决所有的教学问题。有些教学内容，非讲不可，还有些内容，虽然用课题、自学、讨论的方法也可以解决，但是不经济，时间不允许，这时候，就需要教师出马，使出“我讲你听”的看家本领，这也是必要的。讲解法是十八般兵器中的一种，废除不掉的。现在讲解式的教学方法之所以备受指责，主要是因为用得太多，太滥，太单调，太机械了。

但是我这里所说的讲解式，与目前流行的宣讲式的讲解还是有区别的。现在许多教师的讲解往往有以下弊端。

照本宣科，从头讲到尾。不从学生出发，而从教案出发。你已经会了，我讲；有人不会，我也往下讲，总之像个放音机一样，准时开播，按既定程序运转，准时关闭。

不知节约学生的注意力，不知节约教师语言，大搞时空占领。生怕漏掉点什么，全说到了，就觉得自己尽到责任了，对得起学生了，问心无愧了。至于学生的感觉怎样，则不大注意。这种讲课，与其说是为学生服务，不如说主要是为了获得教师自己的安全感。

如果发现有学生尚未听懂，不是另想办法，而是再讲一遍，又讲一遍，原样重复，美其名曰“诲人不倦”，其实是缺乏变通能力和创造性。

讲课态度居高临下，总是教训人。好像自己是真理的展示者，而不是探索者，不像学者，而像个差劲的官员。

愚以为，真正合格的讲解式教学法，应该符合以下几个条件。

（1）尽量少用讲解法，实在需要用时，要惜字如金。

千百年来形成的习惯和人人都有的表现欲、宣泄欲使教师普遍都有说话的冲动和爱好，有人甚至到了不说就痛苦的地步。必须用巨大的闸门挡住这种可敬的冲动，把讲解压缩到最低限度，能不讲尽量不讲，能少说一句，绝不多说一句。到达此种境界，才算是真正懂得了讲解法。

（2）讲解应该是教师的发言，而不是居高临下的注入。

教师的讲解不应采取教训学生的态度，而应该采取做一个平等发言者与学生交流的态度。教师对教材的讲解应该是娓娓道出自己的学习心得，而不是投掷知识炸弹。

（3）讲解应该展示教师的思考过程，而不光是结果。

教师在讲解时，应该把自己对教材的理解过程，包括成功与失误，都告诉学生。教师要把自己作为一个学习者的真实面目展现给学生，不要装作全知全能修成正果的样子。经验告诉我们，教师把自己定位成一个正在学习的人，对提高学生的学习能力效果最好。

（4）讲解不一定求其系统。

只讲最需要讲的地方。以为只有教师讲得系统，学生的知识才会系统，这是一种形式主义，甚至是一种自我安慰。不是说学生的知识不要系统，系统是很有必要的，但是这种系统应该是通过多种学习方法获取信息，最后整合而成的，绝不是弄一个现成的系统一下子移植到学生脑子里去的。系统不系统，不能只看教师的讲解，而要看学生脑子里知识的实际状况。把学生的耳朵当成唯一的信息接收器，把教师的嘴当成唯一的信息源，是很可笑的，这势必导致教师没完没了地哇啦哇啦地讲下去。

（5）讲解时必须注意学生表情。

如果多数学生目光已经黯淡，注意力已经分散，教师就应该停止讲解，不管他此时兴致多么高，也不管正讲到多么重要的地方，因为再往下讲就只不过是教师自己的抒情而已，属于无效劳动或低效劳动了。教师必须把学生最想知道的东西，趁学生眼睛发亮的时候赶快说完，这样学生才能真正吸收。

讲解的方式可以穿插在课题式、自学式、讨论式的教学方式中间进行，也可以单独上讲解课，这要视情况而定。

现在的老师总是埋怨学生不注意听讲，其实老师们在听报告的时候，注意的程度常常并不比学生高，有时还要差一些。有人说这证明老师素质不高，我说这是人之常情。没有人能认真地听陈词滥调，没有人能坚持听自己不懂的话，没有人爱听和自己的思维不贴边的东西。因此，教师在非讲不可的时候，也一定不要忘记学生是有情感的活人，不是录音机，如此，才能真正发挥讲解的正面作用，避免它的负面作用。

5. 练习式

以上四种教学方式（课题式、自学式、讨论式、讲解式）全加在一起，也还是有漏洞。

主要漏洞是，基础知识是否落实心中没底。以语文为例，学生搞课题学习，能写出很好的论文，自学能力甚强，讨论发言很精彩，听教师讲解效果也甚佳，但是本学期应该掌握的字词他不一定实实在在掌握了。他掌握的字词可能有很多早就超出了本学期的要求，但是本学期要求的某些字词他却没有落实。课题式、自学式、讨论式、讲解式这几种学习方式可以“不拘小节”：查资料是浏览，讨论全凭嘴来说，自学不认识的字可以蒙过去，写论文不会的字可以查字典，这里主要体现的是学生的综合能力和灵活运用知识的能力。考试就不是这样了，考试一般是笔试，要老老实实写出来；考试一般不开卷，查字典是不行的；考试题目要有相当一部分是死题，全考活题没法保证阅卷的信度和公正性。这样，有些明明能力很强的孩子就可能考不出好成绩。成绩不好家长是绝对不答应的，领导也会不满，于是前面几种教学方式的改革，就可能全被否定。

所以，我们必须想出个办法，在提高学生能力的同时，也提高他们的考试分数。考活题我有优势，考死题我也不怕，这样，教学改革才能真正站住脚。办法之一就是搞练习课，即除了平日适当留基础知识作业以外，用专门的时间，系统、完整地做练习，把基础知识落实下来。

这种做法有“题海战术”、应试主义的嫌疑，但我觉得是有必要的。落实基础知识，也是重要的教学任务，不是外加的东西，应试也不是什么丢人的事情，有考试就有应试，谁不搞谁至少要吃眼前亏。把应试练习放到恰当的位置上，就不是应试主义了。反之，不重视应试，一味冒进，考不出好成绩，反而会逼得你在更大的规模上回头搞应试，那倒真成了应试主义了。

练习自然是枯燥的，难以引起学生的兴趣，所以这种课，也不可过多，而且不要连续搞，以免学生疲倦。要特别注意少搞重复性的无效劳动，一个字如果抄 3 遍能记住，就不要让学生抄 5 遍。学生水平不同，应该允许他们自己决定哪一类题多做，哪一类题少做，哪一类不做，别搞一刀切。有些老师采用游戏、竞赛的方式上练习课，值得提倡。

有课题式、自学式、讨论式、讲解式几种教学方式为前提，学生的知识背景应该是比较丰厚的，做起练习来，跟原来所谓“精讲多练”的办法相比，情绪应该更好，效率也应该更高。

6. 讲座式

一般说来，有以上 5 种教学方式，或者有类似的一些教学方式，就能顺利地完成教学任务了。为什么还要提出讲座式的教学方式呢？

这主要是为了更加开放地利用教育资源，使每一个学生都能听到专家级甚至大师级的教师讲课，避免老听一个教师讲课的局限性，开阔视野，活跃思想，增加兴趣。

具体做法是上大课，至少是将一个年级的学生集中起来，听报告。报告人不是本校教师，而是请来的本学科的专家，例如本区的学科带头人、高水平的教研人员、大学教授等权威人物，国外（如法国）把这种课叫“权威课”。这有点像课外活动，它与课外活动的区别是，安排在教学计划中，定期举行，而且其内容结合教材比较紧密。

这种讲课人当然不是能够长期兼课的，所以这种讲座课每学期只能组织一两次，但如果搞得好，作用是很大的，甚至可以有“听君一席话，胜读十年书”的效果。

讲座安排哪些内容为好呢？

（1）本学科概况、基本特点、基本思路、发展趋势，这些全局性的东西，可以请专家讲。专家能讲出该学科的精妙之处。

（2）本学科的难点，一般教师处理起来有困难或者效果不好的，可以请专家讲。

（3）把学生的疑难问题集中起来，请专家答疑。

（4）针对本学科的学习方法与学生对话。

这种讲座不但能教育学生，也能提高教师水平，一举两得。

以上就是我所谓的“六种教学方式”。

一下子提出六种教学方式，许多老师可能无所措手足。据我的经验，他们首先提出的问题大概就是时间。“用一种教学方式我的时间还不够呢，哪有时间搞这么多花样！”这是个效率问题。我们过去的教学方式效率太低了，大家辛辛苦苦，搞了很多无用功和低效劳动。珠海那个中学的领导要求老师课上讲解不得超过5分钟，结果不但腾出了大量时间，而且老师语言的精练程度也迅速提高了，能讲到点子上了，这才是靠增加科技含量提高教学水平的正路。以前那种“拼体力换质量”、“卖傻力气”的老路走不得了。

细心的读者会发现，我在许多地方是把“教学方式”和“学习方式”混用的。实际上“课题式、自学式、讨论式”这排在前面的三种方式，与其说是教学方式，不如说是学习方式。我们的教学正在发生重大的转向，即从以“教”为重心转移到以“学”为重心上来，教师的角色也因此从“传道授业解惑者”变成“模范的学习者，学生学习情境的策划者，学生学习的帮助者和指导者”。这是最根本的新教学理念，它奠定了素质教育教学方法的基调和主旋律。

我以为，在具体的教学活动中，教师只会一两种教学方式是不能很好完成教学任务的，他必须掌握多种教学方式，至于每学期用几种方式，何时变换方式，哪种方式占多大比例为好，要因人制宜，因事制宜。这里举出的 6 种教学方式，除第 6 种以外，原则上是多用前 3 种，少用后 2 种，然而在改革之初，也可以倒过来，多用后 2 种，少用前 3 种，逐渐过渡。

最后，我要特别强调的是，这里讲的 6 种方式，不是固定的模式，只是 6 种供参考的思路。标准答案型的教学方式是不存在的，将教学方式死板地统一起来更是非常有害的。

57. 西方与东方：不同的学习姿态

我多次问自己，西方教育界如此强调合作学习，与他们的文化传统有没有关系？我的答案是肯定的。西方在古希腊时期就有个人主义的传统。有个口号叫作“认识你自己”，这是希腊古城阿波罗神殿上镌刻的名言中流布最广、影响最深，以至被认为点燃了希腊文明火花的一句话。苏格拉底把这句话作为自己哲学研究的核心命题。我相信中华古代文明不会产生这样的格言，即使有类似的思想，也不会受重视，更不会普及。中华文明强调的不是个人，而是整体。所以我们这里最响亮的口号不是“认识你自己”，而是“管控你自己”，孔夫子称之为“克己”，“文革”时期则叫作“斗私”。

人是社会动物，所谓人的本质，即是人的社会关系之总和，可是每个人同时又是一个独立的个体，这是一件事情的两面。过分强调人的群体性或者个体性，越出合理范围，都会出问题，而人类生存的逻辑一定会来纠正这两种偏颇。你会发现凡是强调个人的地方，那里的人们一定会热衷参与各种社团活动，个人主义者特别爱抱团取暖。这就是人的社会性出来纠正极端的个人主义。

中华文明相反，这里的群体主义非常发达，常常淹没个人。然而个性不可能永远被压制，它会想尽办法冒出来。中国人用什么办法体现个人独立性的一面呢？一个是做隐士，脱离体制，至少在精神上独立一阵（逍遥游），这是老庄的思路。可见，没有孔子不行，没有老庄也不行，它们相辅相成，进可攻退可守，保障了国人的心理平衡。还有一个办法是，把个性化的特权交给第一把手，特别是皇帝。手里有权了，就可以展示个性，甚至推广自己的个性了，在这之前你若展示个性，就很危险，杨修、嵇康，都是这么死的。古人讲“藏锋”，是符合中华文化特点的智慧。

回过头来谈教育，说学习。东西方文化其实都重视人际关系，只不过西方文化强调横向的人际关系，东方文化强调纵向的人际关系。强调横向的人际关系，容易走向交流学习、合作学习，这很合乎逻辑；而强调纵向的人际关系，就容易走向“传道授业解惑”式的传承式学习。我国古时候也不是没有横向的讨论，但很不突出，读《论语》，这一点就看得很清楚。《礼记》中讲学习方法，有一句非常著名的话：“博学之，审问之，慎思之，明辨之，笃行之。”这是相当好的学习方法，但是你会发现，这里没有突出交流和讨论。中国人一说学习，就要找一个比自己强的人，“古之学者必有师”是也。我到《辞源》中去查了三个词——合作、讨论、研究。“合作”一词有，但含义与今不同。一个是“共同创作”，一个是“合于法度”。“讨论”和“研究”两个词都有，且古义与今义差不多。说明在我们的文化传统中，本没有“合作学习”这种东西。说来有趣，以个人主义为本的西方，学习方法却强调合作，实际上等于强调群体的作用；反过来，以群体主义为本的中国，学习方法却强调个人博学，个人审问，个人慎思，个人明辨，个人笃行，当然，前提是要跟着老师。看来事物发展是有辩证规律的。

近代以来，西方教育学强势进入中国，有彻底颠覆国产学习方法之势。佐藤学先生的教改思路，差不多就是这样。这叫作“脱亚入欧”，是日本明治维新以来的改革基本思路。我不赞成这么极端，我觉得这两种学习方式各有优缺点，不应搞非此即彼，不能说我们传统的学习方法都已经过时。中国不是日本。中国根本没法“入欧”，日本实际上也只入了半个身子，现在卡住了。中国块头这么大，历史这么悠久，中华文化已经被证明生命力极强，其必有超常之处，我们不可妄自菲薄。但是我们也得承认，中华民族要复兴，非开放不可，非学西方的好东西不可，万不可再犯老祖宗妄自尊大的错误。所以我很赞成“合作学习”的思路和方法，主张老师们都试一试。这对调动学生学习积极性、主动性，培养学生的个性，特别是创造性，都大有好处。我只是不赞成用合作学习一统天下，我觉得把它看成诸多学习方式中的一种比较好，目前可以积极提倡，至于它将来在我们的课堂中有多大的生命力，教学实践会告诉我们。

2016 年 4 月 27 日

58. 五年前我对合作学习的认识

我曾经在拙著《王晓春帮你走出教育误区——评说100个教师常用语》一书（此书2011年即已完稿）中讨论过合作学习的问题，下文可以看出我当时的观点和认识水平。这里所说的合作学习与佐藤学先生说的合作学习有些不同，那时通常认为合作学习要有“明确的任务”，而且要有“明确的分工”，而在佐藤学先生的合作学习概念里，“明确的任务”和“明确的分工”都被淡化甚至取消了，说明佐藤学先生走得更远了。

合作学习①

合作学习的概念是从国外引进的，其含义众说纷纭，通常比较一致的看法是“指学生为了完成共同的任务，有明确的责任分工的互助性学习”。

可以看出，合作学习是一种捆绑式的学习方式和生存方式，分工合作，一个部分弄不好，大家都失败。这种办法的好处很多，可以培养合作精神和人际交往能力，激发学习热情，先进带后进，共同提高。

不过这种学习方式实行起来很不容易，比我们通常的教学方式难多了，它对教师的素质要求相当高。教师得找到一个需要学生共同完成的“任务”（如同课题），这个“任务”还必须能分解成难易不同的“小任务”（如同子课题），然后教师还得有本领把这些“小任务”恰到好处地分配给不同水平的学生，让他们每个人在做的时候都能使上劲，又都不至于力不从心。显然，这要求教师对教材十分熟悉，理论结合实际能力很强（如果这个任务

①王晓春．王晓春帮你走出教育误区：评说100个教师常用语[M]. 北京：中国轻工业出版社，2012：41-43.

有实践性的话），对学生各自的智力水平和智力特点很了解。目前能做到这些的教师有几许？如果达不到这个水平，那么所谓的“合作学习”就很可能变成“合作表演”，也就是大家按事先分配好的角色把排演过的节目演一遍。或者所谓的“合作学习”只是走形式。也就是说，该任务完全没有必要通过小组合作来完成，绝大部分学生自己就能独立完成，不能完成的学生需要的只是个别指导。在这种情况下搞“合作”，就等于让好学生“发扬风格”、停下脚步等待后进者。这未必妥当。真正的合作学习应该使小组的每个成员都有发展，无论智商高低，这是非常不容易的事情，我们不要把此事看得太简单了。

另外，要特别指出的是，合作学习必须以独立思考为基础，最后还是要落到独立思考上来。合作学习其实是提供了一个平台，让每个学生都能在这个平台上进行“适合个人水平的独立思考”。合作学习的成果（完成任务）是集体的，但完成任务并不是要紧的事（这与公司和企业不同），要紧的是在完成任务的过程中每个学生的智力、非智力品质得到了提高，而这种发展，别人是无法替代的。我们小组第一，不等于我就有收获，我就有发展，这一点一定要对学生讲清楚。如果没有小组成员各自的独立思考，完成小组任务的重担就可能落在一两个学生身上，其他人不过是充当“看客”，“站脚助威”的，这种合作学习是虚假的。按我国中小学生的独立思考状况，搞合作学习有可能形成上述局面，甚至好学生的答案也是教师事先告诉的，甚至教师的答案也是从别人那里抄来的，师生都没有独立思考。这就与合作学习毫无关系了。独立思考是合作学习的灵魂。

合作学习实行起来还有一个更大的困难，就是它与应试不匹配。考试答卷是不能“合作”的。合作学习比较符合素质教育的精神，它所谓的“任务”并不是提高考试分数，而我们现行的教育基本上是应试的，二者较难融合。所以我们学生的学习，恐怕实质上还会以独立学习为主，合作学习只作为可提倡的一种教学方式。即使如此，我也不主张立刻大面积铺开，应该先找一些教师自愿实验，有了经验，向其他人推介，自愿采纳。合作学习是个好东西，但如果条件不成熟就用行政手段强行推广，那很快就会把它扭曲变形，把它的名声败坏，弄得教师们听见“合作学习”就皱眉头，如此反而会给人以口实，延迟教改的步伐，助长保守心态。

上述说法有可能造成误解，有人可能会以为，在我的心目中，合作学习比独立学习更高级。非也，我认为它们是平等的学习方式，适用于不同的学习情境和学习者。而且据我看，无论过去还是将来，独立学习都是主要的学习形式，而合作学习，不过是独立学习的一种辅助和补充。个中道理很简单，人的思维虽然可以互相启发，但毕竟只能在各自的头脑中独立进行。

还有一种误解是，有人可能以为我肯定了目前学生的学习方式属于“独立学习”。非也，我说的“独立学习”并不是指现在学生的普遍学习状况。现在学生的学习，既不是合作学习，也基本上不是独立学习，而是一种“被灌输”状态。也就是说，我们通常见到的学生伏案读书之状，与“学习”的本义相距甚远，之所以称之为“学习”，只是因为日常语言习惯这么讲。学习的灵魂是独立思考，没有独立思考就没有真正意义上的学习。所以，我们不但应该提倡“合作学习”，更应该首先提倡名副其实的“独立学习”。

出版人　李　东
责任编辑　杨　巍
版式设计　许　扬
责任校对　贾静芳
责任印制　叶小峰

图书在版编目（CIP）数据

教与学的秘密：解读佐藤学的课堂教学观 / 王晓春著 .—北京：教育科学出版社，2016.12(2017.1 重印）
ISBN 978-7-5191-0857-1

Ⅰ. ①教…　Ⅱ. ①王…　Ⅲ. ①佐藤学—教育思想—研究②中小学—课堂教学—教学改革—研究—日本　Ⅳ. ① G40-093.13 ② G632.421

中国版本图书馆 CIP 数据核字（2016）第 279662 号

教与学的秘密——解读佐藤学的课堂教学观
JIAO YU XUE DE MIMI——JIEDU ZUOTENG XUE DE KETANG JIAOXUEGUAN

出版发行	教育科学出版社		
社　址	北京·朝阳区安慧北里安园甲 9 号	市场部电话	010-64989009
邮　编	100101	编辑部电话	010-64981265
传　真	010-64891796	网　址	http://www.esph.com.cn
经　销	各地新华书店		
印　刷	北京东君印刷有限公司		
开　本	168 毫米 ×239 毫米　16 开	版　次	2016 年 12 月第 1 版
印　张	14.5	印　次	2017 年 1 月第 2 次印刷
字　数	215 千	定　价	38.00 元